中华传统都市文化丛书

总主编　杨晓霭

语言规范与城市品位

雅言

孙福婷　著

兰州大学出版社
LANZHOU UNIVERSITY PRESS

图书在版编目（ＣＩＰ）数据

语言规范与城市品位：雅言 / 孙福婷著. -- 兰州：
兰州大学出版社，2015.5（2019.9重印）
（中华传统都市文化丛书 / 杨晓霭主编）
ISBN 978-7-311-04748-1

Ⅰ．①语… Ⅱ．①孙… Ⅲ．①汉语规范化 Ⅳ.
①H1

中国版本图书馆CIP数据核字(2015)第106401号

策划编辑　梁建萍
责任编辑　李　丽
封面设计　郁　海

书　　名　语言规范与城市品位：雅言
作　　者　孙福婷　著
出版发行　兰州大学出版社　（地址：兰州市天水南路222号　730000）
电　　话　0931-8912613(总编办公室)　0931-8617156(营销中心)
　　　　　　0931-8914298(读者服务部)
网　　址　http://press.lzu.edu.cn
电子信箱　press@lzu.edu.cn
印　　刷　三河市金元印装有限公司
开　　本　710 mm×1020 mm　1/16
印　　张　11
字　　数　183千
版　　次　2015年7月第1版
印　　次　2019年9月第3次印刷
书　　号　ISBN 978-7-311-04748-1
定　　价　29.00元

总 序
——都市文化的魅力

杨晓霭

关于城市、都市的定义,人们从政治、经济、军事、社会、地理、历史等不同角度所做的解释已有三十多种。从城市社会学的历史视角考察,城市与都市在概念上的区别就是,都市是人类城市历史发展的高级空间形态。在世界城市化发展进程已有两百多年历史的今天,建设国际化大都市俨然成为人们最为甜美的梦。这正是本丛书命名为"都市文化"的初衷。

什么是都市文化,专家们各执己见。问问日复一日生活在都市中的人们,恐怕谁也很难说得清楚。但是人们用了一个非常形象的比喻来形容,说现代都市就像一口"煮开了的大锅"——沸腾?炽烈?流光溢彩?光怪陆离?恐惧?向往?好奇?神秘?也许有永远说不明白的滋味,有永远难以描摹的情境!无论怎样,只要看到"城市""都市"这样的字眼,从农耕文明中生长、成长起来的人们,一定会有诸多的感叹、赞许。这种感叹、赞许,渗透在人类的血脉中,流淌于民族历史的长河里。

一、远古的歌唱

关于"都""城""市",翻开词典,看到的解释,与人们想象的一样异彩纷呈。摘抄几条,以资参考。都[dū]:(1)古称建有宗庙的城邑。之所以把建有宗庙的城邑称为"都",是因为它地位的尊贵。(2)国都,京都。(3)大城市,著名城市。城[chéng]:(1)都邑四周的墙垣。一般分两重,里面的叫城,外面的叫郭。城字单用时,多包含城与郭。城、郭对举时只指城。(2)城池,城市。(3)犹"国"。古代王朝领地、诸侯封地、卿大夫采邑,都以有城垣的都邑为中心,皆可称城。(4)唐要塞设守之处。(5)筑城。(6)守卫城池。市[shì]:(1)临时或定期集中一地进行的贸易活动。(2)指城市中划定的贸易之所或商业区。(3)泛指城中店铺较多的街道或临街的地方。(4)集镇,城镇。(5)现代行政区划单位。(6)泛指城市。(7)比喻人或物类会聚而成的场面。(8)指聚集。(9)做买卖，贸易。(10)引申指为某种目的而进行交易。(11)购买。(12)卖，卖出。把"都""城""市"三个字的意义结合起来，归纳一下，便会看到中心内容在"尊贵""显要""贸易""喧闹"，由这些特点所构成的城市文化、都市文化，与乡、野、村、鄙，形成鲜明对照。而且对都、城、市之向往，源远流长，浸润人心。在中国最早的诗歌总集《诗经》中，我们就聆听到了这样的歌唱：

> 文王有声，遹骏有声。遹求厥宁，遹观厥成。文王烝哉！
> 文王受命，有此武功。既伐于崇，作邑于丰。文王烝哉！
> 筑城伊淢，作丰伊匹。匪棘其欲，遹追来孝。王后烝哉！
> 王公伊濯，维丰之垣。四方攸同，王后维翰。王后烝哉！
> 丰水东注，维禹之绩。四方攸同，皇王维辟。皇王烝哉！
> 镐京辟雍，自西自东，自南自北，无思不服。皇王烝哉！
> 考卜维王，宅是镐京。维龟正之，武王成之。武王烝哉！
> 丰水有芑，武王岂不仕？诒厥孙谋，以燕翼子。武王烝哉！

这首诗中，文王指周王朝的奠基者姬昌。崇为古国名，是商的盟国，在今陕西省西安市沣水西。丰为地名，在今陕西省西安市沣水以西。伊，意为修筑。淢通"洫"，指护城河。匹，高亨《诗经今注》中说："匹，疑作兒，形近而误。兒是貌的古字。貌借为庙。"辟指天子、君主。镐京为西周国都，故址在今陕西省西安市西南沣水东岸。周武王既灭商，自鄷徙都于此，谓之宗周，又称西都。芑通"杞"，指杞柳，是一种落叶乔木，枝条细长柔韧，可编织箱筐等器物，也称红皮柳。翼子的意思是，翼助子孙。全诗的大意是：

> 文王有声望，美名永传扬。他为天下求安宁，他让国家安泰盛昌。
> 文王真是我们的好君王！
> 文王遵照上天指令，讨伐四方建立武功。举兵攻克崇国，建立都城
> 丰邑。文王真是我们的好君王！
> 筑起高高的城墙，挖出深深的城池，丰邑都城里宗庙高竿巍巍望。
> 不改祖宗好传统，追效祖先树榜样。文王真是我们的好君王！
> 各地公爵四处侯王，犹如丰邑的垣墙。四面八方来归附，辅佐君王
> 成大业。文王真是我们的好君王！
> 丰水向东浩浩荡荡，治水大禹是榜样。四面八方来归附，武王君主
> 承先王。武王真是我们的好君王！
> 镐京里建成辟雍，礼乐推行，教化宣德。从西方向东方，从南面往

语言规范与城市品位·雅言

北面,没有人不服从我周邦。武王真是我们的好君王!

占卜测问求吉祥,定都镐京好地方。依靠神龟正方位,武王筑城堪颂扬。武王真是我们的好君王!

丰水边上杞柳成行,武王难道不问不察?心怀仁义留谋略,安助子孙享慈爱。武王真是我们的好君王!

研究《诗经》的专家一致认为,这首《文王有声》歌颂的是西周的创业主文王和建立者武王,清人方玉润肯定地说:"此诗专以迁都定鼎为言。"(《诗经原始》)文、武二王完成统一大业的丰功伟绩,在周人看来,最值得颂扬的圣明之处就是"作邑于丰"和"宅是镐京"。远在三千多年前的上古,先民们尚处于半游牧、半农耕的生活时期,居无定所,他们总是在耗尽了当地的资源之后,再迁移到其他地方。比如夏部族不断迁徙,被称作"大邑"的地方换了十七处;继夏而起的商,五次迁"都",频遭乱离征伐之苦。因此,能否建"都"定"都",享受稳定安逸的生活,成了人民的殷切期望。商朝时"盘庚迁殷","百姓由宁","诸侯来朝",传位八代十二王,历时273年,成为历史佳话。正是在长期定居的条件下,兼具象形、会意、形声造字特点的甲骨文出现。文字的发明和使用,使"迁殷"的商代生民率先"有典有册",引领"中国"跨入文明社会的门槛。而西周首都镐京的确立,被看成是中国远古王朝进入鼎盛时期的标志。"维新"的周人,在因袭殷商文化的同时,力求创新,"制礼作乐",奠定了中华文化的基础。周平王的迁都洛邑,更是揭开了春秋战国的帷幕,气象恢宏的"百家争鸣",孔子、老子、庄子等诸子学说的创立,使华夏文化快速跃进以至成熟质变,迈步走向人类文明的"轴心时代"。

一个都城的建设,凝聚着智慧,充满着憧憬。《周礼·冬官·考工记》曰:"匠人建国,水地以悬,置槷以悬,眡以景。为规识日出之景与日入之景,昼参诸日中之景,夜考之极星,以正朝夕。匠人营国,方九里,旁三门,国中九经、九纬,经涂九轨。左祖右社,面朝后市,市朝一夫。"(《周礼注疏》,十三经注疏本,中华书局,1986年影印本,第927页)意思是说,匠人建造都城,用立柱悬水法测量地平,用悬绳的方法设置垂直的木柱,用来观察日影,辨别方向。以所树木柱为圆心画圆,记下日出时木柱在圆上的投影与日落时木柱在圆上的投影,这样来确定东西方向。白天参考正中午时的日影,夜里参考北极星,以确定正南北和正东西的方向。匠人营建都城,九里见方,都城的四边每边三门。都城中有九条南北大道、九条东西大道,每条大道可容九辆车并行。王宫门外左边是宗庙,右边是社稷坛;帝王正殿的前面是接见官吏、发号施令的地方——朝廷,后面是集合众人的市朝。每"市"和每"朝"各有百步见方。如此周密的都城体系建构，不能不令人心生敬仰。考古学家指出："三代虽都在立国前后屡次迁都，其最早的都城却一直保持着祭仪上的崇高地位。如果把那最早的都城比喻作恒星太阳，则后来迁徙往来的都城便好像是行星或卫星那样围绕着恒星运行。再换个说法，三代各代都有一个永恒不变的'圣都'，也各有若干迁徙行走的'俗都'。'圣都'是先朝宗庙的永恒基地，而'俗都'虽也是举行日常祭仪所在，却主要是王的政治、经济、军事的领导中心。"（张光直：《考古学专题六讲》，文物出版社，1986年版，第110页）由三代都城精心构设的"规范""规格"，不难想象上古时代人们对"城"的重视，以及对其赋予的精神寄托和文化意蕴。"西周、春秋时代，天子的王畿和诸侯的封国，都实行'国''野'对立的乡遂制度。'乡'是指国都及近郊地区的居民组织，或称为'郊'。'遂'是指'乡'以外农业地区的居民组织，或称为'鄙'或'野'。居住于乡的居民叫'国人'，具有自由民性质，有参与政治、教育和选拔的权利，有服兵役和劳役的责任。当时军队编制是和'乡'的居民编制相结合的。居于'遂'的居民叫'庶人'或'野人'，就是井田上服役的农业生产者。"（杨宽：《中国古代都城制度史研究》，上海人民出版社，2003年版，第40页）国畿高贵，遂野鄙陋，划然分明。也许就是从人们精心构设"都""城"的时候开始，"城"与"乡"便有了巨大的差异，"城里人"和"乡里人"就注定要有不同的命运。于是，缩小城乡差别，成为中国人永久的梦想。

二、理想的挥洒

对都市的向往，挥动生花妙笔而纵情赞美的，莫过于汉、晋的辞赋家。翻开文学发展史，《论都赋》《西都赋》《东都赋》《西京赋》《东京赋》《南都赋》《蜀都赋》《吴都赋》《魏都赋》……一篇篇铺张扬厉的都城大赋，震撼人心，炫人耳目。总会让人情不自禁地要披卷沉思，生发疑问：这些远在两千年前的文人骚客，为什么要如此呕心沥血？其实答案很简单，人们太喜欢都市了。

"都"居"天下之中"，这是就国都、都城而言。即使不是国都之"都城""都市"，又何尝不在人们的理想之"中"。都城的繁华、富庶、豪奢、享乐，哪一样不动人心魄、摄人心魂？而要寄予这份"享受"，又怎能绕得开城市？请看班固《西都赋》的描摹：

> 建金城而万雉，呀周池而成渊。披三条之广路，立十二之通门。内则街衢洞达，闾阎且千，九市开场，货别隧分。入不得顾，车不得旋，阗城溢郭，旁流百廛。红尘四合，烟云相连。于是既庶且富，娱乐无疆。都人士女，殊异乎五方。游士拟于公侯，列肆侈于姬姜。

意思是说，"皇汉"经营的西都长安，城墙坚固得如铜铁所铸，高大得达到了万雉。绕城一周的护城河，挖成了万丈深渊。开辟的大道，从三面城门延伸出来，东西三条，南北三条，宽阔畅达。建立的十二门，与十二地支相应，展现出昼夜十二时的畅通无阻。城内大街小巷，四通八达，住户人家几乎近千。大道两旁，"九市"连环，商店林立，铺面开放。各种各样的货物，分门别类，排列在由通道隔开的各种销售场所。购物的人潮涌动，进到市场，行走其间，人人难以回头观看，车辆更是不能回转。长长的人流，填塞城内，一直拖到城外，还分散到各种店铺作坊，处处比肩。扬起的红尘，在四方升腾，如烟云一般弥漫。整个都城，丰饶富裕，欢娱无边。都市中的男男女女，与东南西北中各地的人完全不同。游人的服饰车乘可与公侯比美，商号店家的奢华超过了姬姓姜姓的贵族。

　　与班固西都、东都两赋的骋辞相比，西晋左思赋"三都"（《魏都赋》《吴都赋》《蜀都赋》），产生了"洛阳纸贵"的都城效应。"三都赋"在当时的传播，有皇甫谧"称善"，"张载为注《魏都》，刘逵注《吴》《蜀》而序"，"陈留卫权又为思赋作《略解》而序"，"司空张华见而叹"，陆机"绝叹伏，以为不能加也，遂辍笔"不再赋"三都"。唐太宗李世民及其重臣房玄龄等撰《晋书》，于文苑列传立左思传，共830余字，用640余字赞叹左思"三都赋"及《齐都赋》之"辞藻壮丽"。"不好交游，惟以闲居为事"的左思，名扬京城，让有高誉的皇甫谧"称善"，让"太康之杰"的陆机"叹服""辍笔"，让居于司空高位的张华感叹，让全洛阳的豪贵之家竞相传写，这一切与其说是感叹左思的才华，不如说是人们对"魏都之卓荦"、吴都"琴筑并奏，笙竽俱唱"，蜀都"出则连骑，归从百两"的向往与艳羡。都市的富贵荣华、欢娱闲荡，太具有吸引力了！可以想象，当"大手笔"们极尽描摹之能事，炫耀都城美丽、都市欢乐图景的时候，澎湃的激情中洋溢着对都市生活多么深情的憧憬。自古以来，都城便与"繁华""豪奢"联系在一起，城市生活成了"快活""享乐"的代名词。北宋都市生活繁华，浪迹汴京街巷坊曲的柳三变，"忍把浮名，换了浅斟低唱"，一度"奉旨填词"，其词至今尚存210余阕。"针线闲拈伴伊坐"，固然使芳心女儿神往陶醉；"杨柳岸晓风残月"，无时不令人心旌摇曳；而让金主"遂起投鞭渡江之志"的还是那"钱塘自古繁华"：

　　东南形胜，三吴都会，钱塘自古繁华。烟柳画桥，风帘翠幕，参差十万人家。云树绕堤沙，怒涛卷霜雪，天堑无涯。市列珠玑，户盈罗绮，竞豪奢。

　　重湖叠巘清嘉，有三秋桂子，十里荷花。羌管弄晴，菱歌泛夜，嬉嬉钓叟莲娃。千骑拥高牙,乘醉听箫鼓,吟赏烟霞。异日图将好景,归去凤池夸。

柳永挥毫歌颂"三吴都会"的钱塘杭州:东南形胜,湖山清嘉,城市繁荣,市民殷富,官民安逸。"夸"得词中人物精神抖擞,"夸"得词人自己兴高采烈。北宋末叶在东京居住的孟元老,南渡之后,常忆东京繁盛,绍兴年间撰成《东京梦华录》,其间的描摹,与柳永的歌唱,南北映照。孟元老追述都城东京开封府的城市风貌,城池、河道、宫阙、衙署、寺观、桥巷、瓦舍、勾栏,以及朝廷典礼、岁时节令、风土习俗、物产时好、街巷夜市,面面俱到。序中的描摹,令人越发想要观赏那盛名不衰的《清明上河图》。

太平日久,人物繁阜。垂髫之童,但习鼓舞;斑白之老,不识干戈。时节相次,各有观赏。灯宵月夕,雪际花时,乞巧登高,教池游苑。举目则青楼画阁,绣户珠帘。雕车竞驻于天街,宝马争驰于御路。金翠耀目,罗绮飘香。新声巧笑于柳陌花衢,按管调弦于茶坊酒肆。八荒争凑,万国咸通。集四海之珍奇,皆归市易;会寰区之异味,悉在庖厨。花光满路,何限春游?箫鼓喧空,几家夜宴?伎巧则惊人耳目,侈奢则长人精神。瞻天表则元夕教池,拜郊孟享。频观公主下降,皇子纳妃。修造则创建明堂,冶铸则立成鼎鼐。观妓籍则府曹衙罢,内省宴回;看变化则举子唱名,武人换授。仆数十年烂赏叠游,莫知厌足。

"侈奢则长人精神",一语道破了"市列珠玑,户盈罗绮,竞豪奢"之底气,"烂赏叠游,莫知厌足"之纵情。市场上陈列着珠玉珍宝,家橱里装满了绫罗绸缎,当大家都比着赛着要"炫富"时,每个人该是何等的精神焕发,又是何等的意气洋洋?幻化自古繁华之钱塘,想象太平日久之汴都,试看今日之天下,何处不胜"汴都",到处都似"钱塘"。纵班固文赡,柳永曲宏,霓虹灯下的曼妙,何以写得明白,唱得清楚?

三、"城""乡"的激荡

(一)乡里人的城市感觉

乡里人进城,感觉当然十分丰富。对这份"感觉"的回忆,令人蓦然回首。我有过一个短暂而幸福的童年。留在记忆深处的片断里,最不能抹去,时时涌现脑海的,就是穿着一身新衣,打扮得光鲜靓丽,牵着姐姐的手,"到街上去"。每到这个时候,总会听到这样的问:"到哪里去?""到街上去。""啊,衣裳怎么那么好看呢!颜色亮得很啊!"答话的总是姐姐,看衣服的总是我。我总会用最喜悦的眼光看问话的人,用最自豪的动作扭扭捏捏地扯一扯自己的衣角,再低下头看看鞋袜。接着还会听到一句夸奖:"呦,鞋穿得怎么那么合适呢,是最时兴的啊!"于是"到街上去"就和崭新的衣服、新款的鞋袜连在一起。这也是我这个乡里人最早对"城市"的感觉。牵着姐姐的手到街上,四处"逛"来"逛"去,走得昏头昏脑,于是真正到了"街上"的情形反而没有多少欢乐或痛苦了。和母亲"到街上",是去看戏。看戏对母亲不是一件愉快的事。母亲看戏是为了服从"家长"的安排,而她最担心的还是城里人会说我们是"乡棒"。留给母亲的还有一点"不高兴",就是母亲去看戏总要抱着我,是个"负担"。当我被抱着看戏的时候,戏是什么不知道,看的只是妈妈的脸。看她长长的睫毛、大大的眼睛、棱棱的鼻子、白皙的皮肤。再长大一点,就是看戏园子。朦胧的感觉只是人多啊人真多啊,接着是挤呀挤,在只能看见人的衣服、人挪动着腿的昏暗中,也随着大流迈动自己的脚。如此而已!真正成人了,似乎才懂得了母亲的感受。

曾读过日本人小川和佑著的《东京学》,有一节题作:"东京人都很聪明却心肠很坏……"。而且这个小标题,犹有意味地还加上了一个省略号。为什么会有这个结论,作者分析说:"如果为东京人辩护,这并不是说唯独东京人聪明而心肠坏,那是因为过去只知道在闭锁式共同体内生活的乡下到东京来的人,一味地只在他们归属的共同体之逻辑里思维和行动的缘故。这时候,对方当然企图以过密空间之逻辑将之击败。"(小川和佑:《东京学》,廖为智译,台北一方出版,2002年版)这个反省是深刻的。乡里人进城,回到乡里,最为激烈的反映,恐怕就是说,城里人很坏,那个地方太挤了。我曾经在大都市耳闻目睹过城里人对乡里人的态度,尤其是当车轮滚滚、人流涌动的"高峰"时段。这时候,所有的人,或跑了一天正饿着,或忙了一天正累着。住在城里的想要回家歇息,进城来的人想要找个地方落脚。于是,谁看见谁都不顺眼。恶狠狠地瞪一眼,粗声粗气地骂几句。"城"与"乡"的差别,在这个时候就表现得最明显了。但是,无论怎样的不愉快,过城里人的生活,是乡村人永远的梦;过城里人的生活,可谓是许多乡里人追求生活的终极目标。

20世纪80年代伊始,小说家高晓声发表了中篇小说《陈奂生上城》,把刚刚摘掉"漏斗户主"帽子的陈奂生置于县招待所高级房间里,也即将一个农民安置到高档次的物质文明环境中,以此观照,陈奂生最渴望的是希望提高自己在人们心目中的地位,总想着能"碰到一件大家都不曾经历的事情"。而此事终于在他上城时碰上了:因偶感风寒而坐上了县委书记的汽车,住上了招待所五元钱一夜的高级房间。在心痛和"报复"之余,"忽然心里一亮",觉得今后"总算有点自豪的东西可以讲讲了","精神陡增,顿时好像高大了许多"。高晓声惟妙惟肖的描写,一针见血,揭示的正是"乡里人"进城的最大愿望,即"希望提高自己在人们心目中的地位"。中国乡村人的生活,真的是太"土"了。著名诗人臧克家有一首最为经典的小诗,题作《三代》,诗云:"孩子,在土里洗澡;爸爸,在土里流汗;爷爷,在土里葬埋。"仅用二十一个字,浓缩了乡里人一生与"土"相连的沉重命运。比起头朝黄土背朝天的乡里人的"土",城里人被乡里人仰望着称为"洋";比起日复一日,年复一年,忙忙碌碌,永无休闲的乡里人,城里人最为乡里人羡慕的就是"乐"。为了变得"洋气",为了不那么苦,有一点"乐",乡里人花几代人的本钱,挣扎着"进城"。

(二)城里人的城市记忆

我曾从陇中的"川里"到了陇南的"山里",又从陇南的"山里"到了省城的"市里",在不断变换的旅途中,算一算,大大小小走过了近百个城市,而且还有幸出国,到了欧洲、非洲的一些城市。除生活了三十多年的省城,还曾在北京住了一年,在扬州住了两年,在上海"流动"五个年头,在土耳其的港口城市伊斯坦布尔住了一年半,在祖国宝岛台湾的台中市住了四个月零一周。每一座城市都以其独特的"风格"展示着无穷的魅力,也给我留下了许多难以忘怀的记忆。当我试着想用城里人的感觉来抒写诸多记忆的时候,竟然奇迹般地发现,城里人的城市记忆,也如同乡里人进城一样的复杂。于是,只好抄一些"真正"的城里人所写的城市生活和城市记忆。张爱玲出生在上海公共租界的一幢仿西式豪宅中,逝世于美国加州洛杉矶西木区罗彻斯特大道的公寓,是真正的城里人。她在《公寓生活记趣》中写城市生活,说她喜欢听市声:

> 我喜欢听市声。比我较有诗意的人在枕上听松涛,听海啸,我是非得听见电车响才睡得着觉的。在香港山上,只有冬季里,北风彻夜吹着常青树,还有一点电车的韵味。长年住在闹市里的人大约非得出了城之后才知道他离不了一些什么。城里人的思想,背景是条纹布的幔子,淡淡的白条子便是行驶着的电车——平行的,匀净的,声响的河流,汩汩流入下意识里去。

"市声"的确是城市独有的"风景",也是城里人最易生发感叹的"记忆"。胡朴安编集《清文观止》,收录了一篇清顺治、康熙年间沙张白的《市声说》。沙张白笔下的"市声",那就不仅仅是"喜欢"不"喜欢"了。他从鸟声、兽声、人声写到叫卖声、权势声，最终发出自己深深的"叹声"。城市啊，也是百般滋味在心头。

比起市声，最最不能抹去的城市记忆，恐怕就是"街"。一条条多姿多彩的"街"，是一道道流动的风景线，负载着形形色色的风情，讲述着一个个动人的故事，呈现着各种各样的文化。潘毅、余丽文编的《书写城市——香港的身份与文化》，收录了也斯的《都市文化·香港文学·文化评论》一文，文章对都市做了这样的概括："都市是一个包容性的空间。里面不止一种人、一种生活方式、一种价值标准，而是有许多不同的人、生活方式和价值标准。就像一个一个橱窗、复合的商场、毗邻的大厦，不是由一个中心辐射出来，而是彼此并排，互相连接。""都市的发展，影响了我们对时空的观念，对速度和距离的估计，也改变了我们的美感经验。崭新的物质陆续进入我们的视野，物我的关系不断调整，重新影响了我们对外界的认知方法。"读着这些评论的时候，我的脑海里如同上演着一幕幕城市的黑白电影，迅雷般的变迁，灿烂夺目，如梦如幻。

都市是一种历史现象，它是社会经济发展到一定阶段的产物，又是人类文化发展的象征。研究者按都市的主要社会功能，将都市分为工业都市、商业都市、工商业都市、港口都市、文化都市、军事都市、宗教都市和综合多功能都市等等。易中天《读城记》里，叙说了他所认识的政治都城、经济都市、享受都市、休闲都市的特点。诚然，每一个城市都有自己的个性，都有自己的风格，但与都市密切关联着的"繁荣""文明""豪华""享乐"，对任何人都充满诱惑。"都市生活的好处，正在于它可以提供许多可能。"相对于古代都市文化，现代形态的都市文化，通过强有力的政权、雄厚的经济实力、便利的交通运输、快捷的信息网络、强大的传媒系统，以及形形色色的先进设施，对乡镇施加着重大的影响，也产生着无穷的、永恒的魅力。

四、都市文明的馨香

自古以来，乡里人、城里人，在中国文化里就是两个畛域分明的"世界"，因此，缩小城乡差别，决然成为新中国成立后坚定的国策，也俨然成为国家建设的严峻课题。改革开放的东风吹醒催开了一朵娇艳的奇葩，江苏省淮阴市的一个小村庄——华西村，赫然成为"村庄里的都市"，巍然屹立在21世纪的曙光中。"榜样的力量是无穷的。"让中国千千万万个村庄发展成为"村庄里的都市"，这是人民的美好愿望。千千万万个农民，潮水般涌入城市，要成为"城里人"。千千万万个城市，迎接了一批又一批"乡亲"。两股潮水汇聚，潮起潮落，激情澎湃！如何融入城市，建设城市？怎样接纳"乡亲"，

共同建设文明？回顾历史，这种汇聚，悠久而漫长，已然成为传统。文化是民族的血脉，是人民的精神家园。文化发展为了人民，文化发展依靠人民。如何有力地弘扬中华传统文化，提高人民文化素养，推动全民精神文化建设，是关乎民族进步的千秋大业。虽然有关文化的书籍层出不穷，但根据一个阶层、一个群体的文化特点，有针对性地进行文化素质培养，从而有目的地融合"雅""俗"文化，较快地提高社区文明层次，在当代中国文化建设中仍然具有十分重要的意义。

自改革开放以来，随着城乡人的频繁往来，大数量的人群流动，尤其如"农民工""打工妹"等大批农民潮水般地进入城市，全国城乡差别大大缩小。面对这样的现实，如何让城里人做好榜样，如何让农村人迅速融入城市生活，在文化层面上给他们提供必要的借鉴，已是刻不容缓的任务，文化工作者责无旁贷。这也正是"中华传统都市文化丛书"编辑出版的必要性和时效性。随着网络的全球化覆盖，世界已进入"地球村"时代，传统意义上的"城市"，已经不是都市文明建设的理想状态，在大都市社会中逐渐形成并不断扩散的新型思维方式、生活方式与价值观念，不仅直接冲毁了中小城市、城镇与乡村固有的传统社会结构与精神文化生态，同时也在全球范围内对当代文化的生产、传播与消费产生着举足轻重的影响。可以说，城市文化与都市文化的区别正在于都市文化所具有的国际化、先进性、影响力。为此，"中华传统都市文化丛书"构设了以下的内容：

传统信仰与城市生活：城隍
服饰变化与城市形象：服饰
饮食文化与城市风情：饮食
高楼林立与城市空间：建筑
交通变迁与城市发展：交通
传统礼仪与城市修养：礼仪
语言规范与城市品位：雅言
歌舞文艺与城市娱乐：歌舞

全丛书各册字数约25万，形式活泼，语言浅显，在重视知识性的同时，重视可读性、感染力。书中述写围绕当代城市生活展开，上溯历史，面向当代，各册均以"史"为纲，写出传统，联系现实，目的在于树立文明，为都市文化建设提供借鉴。如梦如幻的都市文化，太丰富，太吸引人了！这里撷取的仅仅是花团锦簇的都市文明中的几片小小花瓣，期盼这几片小小花瓣洋溢着的缕缕馨香浸润人们的心田。

　　我们经常在问什么是文明,人何以有修养? 偶然从同事处借到一本何兆武先生的《上学记》,小引中的一段话,令人茅塞顿开。撰写者文靖说:"我常常想,人怎样才能像何先生那样有修养,'修养'这个词,其实翻过来说就是'文明'。按照一种说法,文明就是人越来越懂得遵照一种规则生活,因为这种规则,人对自我和欲望有所节制,对他人和社会有所尊重。但是,仅仅是懂得规矩是不够的,他又必须有超越此上的精神和乐趣,使他表现出一种不落俗套的气质。《上学记》里面有一段话我很同意,他说:'一个人的精神生活,不仅仅是逻辑的、理智的,不仅仅是科学的,还有另外一个天地,同样给人以精神和思想上的满足。'可是,这种精神生活需要从小开始,让它成为心底的基石,而不是到了成年以后,再经由一阵风似的恶补,贴在脸面上挂作招牌。"顺着文靖的感叹说下来,关于精神生活需要从小开始的观点,我很同意,精神修养真的是要在心底扎根,然后萌芽、成长,慢慢滋润,才能成为一种不落俗套的气质。我们期盼着……

2015 年元旦

总　序

都市文化的魅力

序　言

假使孤独的确是人生的真相,那么语言的发明定然是人类去真存伪的高超手段之一。如果用老庄或者释迦牟尼的哲学来打量文明,绘画是我们歪曲自然的开端,音乐是我们错失天籁的源头,而语言只是我们通往真实(真理)的一只渡船,当我们上岸之后,终归是要舍弃掉的。然而,文明发展到今天,语言依然是我们认识自我和欺骗自我的不二法门,是我们社会人作为"想象的共同体"互相沟通和互相误解的完美载体。读图时代已然到来,但语言文字的力量并未失去。文明是不断的积累,也是不断的抛离,但语言作为人类发明的最重要的工具之一,直到今日仍是我们传达信息最便利也最博大的一个工具,甚至不只是工具,而是文化坚守的堡垒,是文明不死的内核。

在攻伐不休的人类历史里,军事和政治、经济的征服总是最快的,而文化,尤其是语言的征服,则总是旷日持久而又难以求成。尤其对于我们中华民族而言,失败者的语言总是比胜利者的铁蹄更为持久可信,触处生春,是柿叶上陈旧的墨迹,是画卷里无土的兰花,是香案前风浪阅尽的残梦,是僧庐下秋雨点滴的空阶,是"昔与汝为邻,今与汝为臣"的黯笑,是"十四万人齐解甲,更无一个是男儿"的泪雨,是"来孙却见九州同,家祭如何告乃翁"的悲愤难平,是"眼看他起朱楼,眼看他宴宾客,眼看他楼塌了"的浅酌低唱。几千年的中华文明,诗礼传家。礼失求诸野,诗呢? 诗不会失,国家不幸诗家幸,赋到沧桑句便工嘛。

西方大贤海德格尔说,语言是存在的家园。自从我们中国人搭上了现代化的这趟时代列车,语言的传统便在不断丧失。语言规范的毁损程度与今日环境污染的严重程度之间,一定有着某种隐蔽的联系,不然便难以解

序言

XUYAN

释,何以无论是我们肉身的居所(大地),还是我们存在的家园(语言),都在一天天变得面目全非。在这两种毁坏的背后,实质是文化传统的毁坏。我们的文化不再相信万物有灵,天地可畏,所以无限度地"开发"自然;同样,我们不再囿于语言规范,而是从传播速率上开展语言文字的"大跃进",随时随地地将汉语变成另一种语言,要么因为打上小众密码而碎片化,要么因为某种情境需求而格式化。今时今日,汉语的被破坏,较之我们生活中其他的重大问题而言,其实更是中华民族值得深思和忧心的问题,是我们作为一个民族存在的根系的摇动。

在人们逐渐失去用笔写字的能力的今天,我们撰写这样一本书,也许需要一点逆流而上的勇气,但其实我们是被其中的乐趣所吸引和鼓动:梳理汉语的历史其实也是在重温中华文化史,我们一方面追本溯源,告诉你汉语从哪里来,汉语曾经是什么样子;另一方面,我们和你一起探问汉语将要到哪里去,它还会有怎样的面貌,古老语言的根系还能吸纳多少新鲜的水分,而不会长成另一棵树。

目　录

源远流长的普通话

中国是一个幅员辽阔的多民族国家,自古以来就存在方言分歧,"五方之民言语不通",不同民族、不同地域的语言存在较大差异。在各个时代,色彩斑斓的多种文明和文化共存,几经战乱、朝代更替之后,我们中华民族并没有分裂成不同的国家,相反,我们世世代代沐浴在华夏文明的光辉中,紧紧相依。不得不说,各个时代不同形式的民族共同语对我们中华民族的延续和文化的传承有着莫大的功劳。

就是在近现代,不同地域的方言也一直都存在,成为各个地域之间不同的文化特色。由于方言之间的较大差异,也造就了一些趣事,成为人们饭后的谈资。我们看下面一个笑话:

奥运会开幕之前,两个四川人到北京旅游,在公车上看地图。甲说:"我们先杀到天安门,然后再杀到中南海!"乙说:"要得,我们就按到你说的路线一路杀过切嘛。"不幸被同车群众举报,下车后即被扭送至公安机关,交代了N小时情况后才被放出。

甲乙来到了天安门广场,看着人来人往,两人无语。甲忍不住说:"你浪个不开腔(枪)也?"乙说:"你都不开腔(枪)我浪个敢开也?"话音刚落,又被扭送至公安机关。

一周后,两人走出看守所大门,你看看我,我看看你。甲说:"勒哈安逸了,包包都着整空老,哪点去搞点子弹嘛?"门口的武警冲上来将两人按倒在地。

笑话中,甲乙二人正是因四川方言与普通话的差异而引起了一系列误会。

时下,我们以普通话作为整个中华民族的民族共同语,这种趋势并不是近现代才有的,而是由来已久,是时代选择、历史沉淀的结果。从春秋战国

时期开始,就已经有了类似于普通话的民族共同语——雅言,成为当时整个国家的通用语言,再到后来的"官话""国语",再逐渐发展成为现在的"普通话"。从"雅言""官话"到"国语""普通话",虽在语音、词汇、语法等方面发生了一系列的演变,但它们之间是一脉相承的,都为我们整个中华民族的繁衍生息、中华文明的传承发扬贡献了不可忽视的力量。

正是因为民族共同语的存在,在经历五千年的历史动荡、变革之后,我们整个中华民族没有因为语言不通、文化差异的问题而分裂,我们的国家也没有因地域方言的存在而被割裂,而是不断融合,绽放出无可比拟的璀璨光芒。

一、普通话的源流

马克思曾对共同语的形成做过论述:"方言经过政治集中和经济集中而集中为全民族的共同语。"民族共同语的出现是时代发展、文化传承的必然趋势,至于以哪种方言为基础而成为共同语,这不是以一人之力决定的,其中蕴含了政治、经济、文化等多方面的因素。

1.雅言

一种民族语言的形成,一般是经由氏族语言到部落语言再到民族语言的。在中华文明形成的最初时期,部落纷争不断,在当时方言纷杂的社会环境中,如果没有共同语,政令就无法下达传播,战争也无法进行协调和配合,更不用说取得胜利了。此时,共同语已有了产生的需要。在四千多年以前,黄帝族入主中原以后,先后兼并了许多部落,奠定了中原地区的政治地位,同时为了交际,黄帝族的语言先后融合了其他氏族的语言。随着不同部落、氏族渐渐融合,华夏部族逐渐形成和发展,为汉民族的形成奠定了初步基础。作为交际工具的语言,随着社会的发展也由氏族语言演变为部落语言,然后发展成民族语的雏形。

在炎黄时期,部落纷争不断,语言很不稳定,直到夏商周三代,才逐渐形成了较稳定的政治、经济、文化中心,具有共同语性质的语言也渐渐确定。作为全国政治中心的周王朝都城的方言因其权威性,也成为最具权威性的语言,经过反复演变,渐渐形成了一种与方言相对的、较为稳定的民族通用语,直到春秋战国时期出现了具有民族共同语性质的"雅言"。因此,"雅言"的基础方言应为长安、洛阳一带中原地区的方言。

春秋战国时期是中国历史上著名的百家争鸣时期,诸子百家的代表人物无不是口若悬河的演说家,在劝政过程中,为消除方言差异的障碍,只能选择雅言作为交流工具。

据《史记》的《孔子世家》和《仲尼弟子列传》记载,孔子弟子三千,"有朋自远方来",师生之间的方言隔阂可想而知。《论语·述而》有云:"子所雅言,诗、书、执礼,皆雅言也。"这是说,孔子在诵读《诗经》《尚书》和主持典礼的时候,说的不是鲁地的方言,而是当时通用的"雅言"。

孔子周游列国,晋公子重耳四方流亡,各种辩士到各地游说,大家都没有感到语言不通而妨碍思想交流,这说明,当时,雅言的共同语地位已较为稳固了。"雅"是"正"的意思,"雅言"就是正确规范的语言。出现在春秋战国时期的"雅言",就是中国有记载的第一种共同语。

图1 孔子讲学图

2.官话

中国从商周直到北宋的两千年时间里,都城一直都在中原地区,期间虽经历晋室东迁建康(南京)的二百多年,但当时汉族人仍认为中原地区是国家的中心,因此,全国通行的共同语的基础方言也一直以长安、洛阳一带中原地区方言为主。

到公元10世纪左右,随着辽金政权的建立,中原地区方言的权威性受到了挑战。辽以燕京(北京)为五京之一,金于1153年也迁都于此。辽金政权与南宋的长期对峙导致了中国政治中心的转移,长安和洛阳一带的中原方言的权威性也受到了挑战。到元代统一中国后,在北京地区兴建了世界闻名的元大都,取代了过去的长安和洛阳,北京成为全国唯一的政治中心,元大都话也取代了长安、洛阳一带中原方言,成为新的最具权威性的方言,也是今天普通话的最初源头。

这一时期,元杂剧和散曲的盛行大大促进了大都话的普及。到明初,明太祖朱元璋下令编纂的《洪武正韵》以北京语音为官定标准语音,这就巩固了北京话作为共同语方言基础的地位。

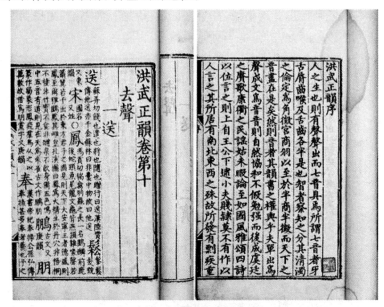

图2　明太祖朱元璋下令编纂的《洪武正韵》

明中叶,共同语有了"官话"这个名称。"官话"本来是指官场上通行的话。明张位《问齐集》里说:"江南多患齿音不清,然此亦官话中乡音耳。"明代的官员在中央和地方做官,对于各地千奇百怪的"乡音"非常头疼,为了解决公务和应酬中的基本沟通问题,他们就自发地使用一种互相能听懂、理解的共同语,选择以政治中心北京的方言为基础,同时也包括和北京话比较接近的其他方言作为官场上的交际语言。

官话的普及起初只是在官吏中,至于不出乡里的平民百姓,他们并没有说官话的需要,自然也没有学习的兴趣。但到清雍正年间,福建、广东一带的人还是不太懂官话,"官民上下语言不通",语言的障碍影响了政令的推行,雍正帝对此很不满意,于是于雍正八年下了一道谕旨,要求八年以内在福建、广东推行官话,并在福建设立了"正音书院"。电视剧《雍正皇帝》(根据二月河同名小说改编)中就有这么一个情节佐证。广东潮州籍的巡抚向皇帝进贡荔枝,太监把剥了皮的荔枝果肉递给皇上,皇上手持果肉问巡抚:"有核儿(húr)没有?"巡抚答:"wú。"皇上放心地一咬,荔枝核儿硌得牙生疼。皇上大怒:"朕问你有没有核儿,你怎说'无'?"巡抚吓得说不出话。旁边懂得潮州话的人赶紧解释说:"皇上,这潮州话就是把'有'叫作'wú',咱们的'无'呢,他们叫作'mòu'。"皇上由此想到官员不会说官话太耽误事,于是下旨要求广东、福建的官员要说官话。电视剧字幕写道:"这是历史上第一个推广普通话的官方文件。"雍正可以算是历代皇帝中推广共同语的第一人了。

图3　于雍正七年创设的正音书院

3.国语运动

到了清末,"官话"已不能适应客观现实的需要了。随着内忧外患的加剧,仁人志士们开始了对"语同音"的追求。

光绪二十八年(1902年),京师大学堂总教习吴汝纶去日本考察学政,发现日本已经普及了以东京话为标准的国语,深受启发,回国之后便建议向日本学习,推行以北京话为标准的"国语"。1903年,清政府的《学堂章程》开始规定:"各国语言,全国皆归一致……中国民间各操土音,致一省之内彼此不能通语,办事多扞格。兹以官音统一天下之语言,故自师范以及高等小学堂,均于国文一科内,附入官话一门。"在这之前,清朝的"国语"一直都是满语,可想而知,这一提议在当时推行阻力之大。直到1909年,清政府资政院开会,议员江谦正式提出把"官话"更名为"国语"。1910年,学部召开中央教育会议,通过了《统一国语办法法案》,决定在京城成立国语调查总会,各省设立分会,准备审定国音标准,编辑国语辞典和国语课本等。但这些决定还未来得及实施,清帝就宣布退位了。

中华民国成立的第二年,政府召开了"读音统一会",各省代表就是否应

以北京音作为标准音进行了激烈的讨论,最终以投票的形式议定"国音"应以北京语音为基础,但同时要吸收其他方言的一些语音特点,同时确定汉字的国定读音和拼写国音的字母"注音字母",并提出了"国音推行办法"。但当时政局动荡不定,国语政策的推行并不顺利。

直到起源于19世纪末的"国语运动"以"文言一致""国语统一"为口号推行"国语","国语"才在五四运动前后得到迅速发展。1918年,胡适在《新青年》上发表了著名的《建设的文学革命论》一文,提出"国语的文学,文学的国语"的口号,把国语和文学革命紧密联系在一起。同时,借助五四运动中席卷全国的白话文运动,国语的推广取得历史性的成就,以典范的书面语为依托的国语成为全国通用语言。

自此之后,国语运动走上了成熟的道路。政府聘请知名学者和语言学家们专门负责国语规范标准的制定和国语的推行。到抗日战争爆发前,培养了大批国语教师,出版了国音字典、国语词典、国语留声唱片和大量宣传国语的书刊。抗战胜利后,台湾光复,为尽快扫除台湾人民和大陆同胞之间的语言障碍,政府在台湾开展国语运动,只用了不到十年的时间,台湾全省就已普及了国语。至今,台湾的通用语仍被称为"国语"。

图4 《新青年》杂志封面

4.普通话共同语地位的确立

新中国成立之初,"国语"和"普通话"二词并存了一段时间,后来在共同语正式称呼的讨论中,"普通话"渐渐占据了上风。

我们知道,国语脱胎于官话,还是一种半文半白的雅语,在政府机关和知识分子中间流行是没问题的，但对于文化水平一般的广大人民群众就不一定说得出、听得懂、写得好了。

侯宝林先生的相声《北京话》里就讲过现实中讲国语的尴尬。蹬三轮车的车夫和要去东四牌楼的乘客如果按照电影里的"国语"对话，将是下面的效果：

> 乘客："这辆三轮车谁的呢？你好不好拉我去呢？"
>
> 车夫："哦，谢谢，你要坐我的三轮车去吗？哦，我真得感谢你了！"
>
> ……
>
> 车夫："你给八毛钱好喽。"
>
> 乘客："不，我只给你三毛钱好喽，哎，你自己考虑一下。"
>
> 车夫："不，先生，三毛钱未免太少一点，我实在不能答应你的要求哟！"

笑过之后，我们可以看出，国语并不适合大众在日常口语交际中使用。

鉴于此，对共同语的规范也就提上了日程。1955年召开的"全国文字改革会议"和"现代汉语规范化学术会议"正式确定以"普通话"作为汉民族共同语的正式名称，代替过去通行的"国语"，并对"普通话"进行了准确的定义：以北京语音为标准音，以北方方言为基础方言，以典范的现代白话文著作为语法规范。

随后，1956年，国务院向全国发出《关于推广普通话的指示》，中央和各省市自治区相继成立了推广普通话工作委员会，举办普通话话语语音研究班，成立了普通话审音委员会。自此，推广普通话成为一种政府行为，全国也兴起了学习和推广普通话的热潮。1958年，《汉语拼音方案》诞生了。此方案不仅是汉字的注音工具，同时也是普通话的拼写工具。由于普通话和方言的差异最显著的表现在于语音的声母、韵母、声调上，方案以拼音的形式作为普通话的标准语音，在学习汉字的同时，也学习了普通话。因此，《汉语拼音方案》在全国范围内的推行大大促进了普通话的推广工作。改革开放以来，中国社会飞速发展，各地之间的政治、经济、文化交流越来越频繁，对学习普通话的要求也显得日益迫切。1982年，全国人民代表大会通过的《中华人民共和国宪法》第十九条规定"国家推广全国通用的普通话"。自此，推广普通话有了法律依据，成了国家的任务。1985年，调整后的国家语言文字工作委员会(国家语委)成立，工作范围和行政职能扩大，开展了一系列促进语言文字规范化、标准化的工作。2000年10月，全国人民代表大会通过了《中华人民共和国国家通用语言文字法》，首次明确规定普通话和规范汉字作为国家通用语言文字的法律地位。目前,每年9月的第三周被确定为全国推广普通话宣传周,加强宣传推广力度,加快了普通话在全国的普及。

从"雅言""官话",再发展到"国语""普通话",我们可以看出,"普通话"民族共同语地位的确立并不是一朝一夕的,而是中国千年历史进程中语言文化的传承,是由历代政治、经济发展历史和人们选择等多重因素决定的。另外,普通话以北京语音为标准音也不是新中国政府盲目确定的,而是中国五千年灿烂文明的历史积淀。

历史上,"雅言""官话"和"国语"都为国家的繁荣富强、民族的团结和五千年灿烂文明的传承做出了突出贡献。在现代社会,普通话也将为新世纪中国社会事业的全方位进步、人们生活的和谐幸福奉献自己的力量。

一、字母表

字母	A a	B b	C c	D d	E e	F f	G g
名称	ㄚ	ㄅㄝ	ㄘㄝ	ㄉㄝ	ㄜ	ㄝㄈ	ㄍㄝ
	H h	I i	J j	K k	L l	M m	N n
	ㄏㄚ	ㄧ	ㄐㄝ	ㄎㄝ	ㄝㄌ	ㄝㄇ	ㄋㄝ
	O o	P p	Q q	R r	S s	T t	
	ㄛ	ㄆㄝ	ㄑㄧㄡ	ㄚㄦ	ㄝㄙ	ㄊㄝ	
	U u	V v	W w	X x	Y y	Z z	
	ㄨ	ㄪㄝ	ㄨㄚ	ㄒㄧ	ㄧㄚ	ㄗㄝ	

V只用来拼写外来语、少数民族语言和方言。

字母的手写体依照拉丁字母的一般书写习惯。

二、声母表

b	p	m	f		d	t	n	l
ㄅ玻	ㄆ坡	ㄇ摸	ㄈ佛		ㄉ得	ㄊ特	ㄋ讷	ㄌ勒
g	k	h			j	q	x	
ㄍ哥	ㄎ科	ㄏ喝			ㄐ基	ㄑ欺	ㄒ希	
zh	ch	sh	r		z	c	s	
ㄓ知	ㄔ蚩	ㄕ诗	ㄖ日		ㄗ资	ㄘ雌	ㄙ思	

在给汉字注意的时候,为了使拼式简短,ZH CH SH可以省作 Ẑ Ĉ Ŝ。

图5 汉语拼音方案表(部分)

二、普通话的规范

普通话的规范化就是指确立作为民族共同语的普通话其内部明确的、一致的标准，并用这种标准消除语音、词汇、语法等方面存在的一些分歧，同时对它的书写符号——文字的形、音、义各个方面制定标准进行规范。

1955年，现代汉语规范问题学术会议之后，明确了现代汉语普通话的标准是"以北京语音为标准音，以北方方言为基础方言，以典范的现代白话文著作为语法规范"，在此基础上，国家相关部门展开了长期的普通话规范工作。

图6　普通话推广标语

在语音方面，普通话"以北京语音为标准音"，但并不是北京话任何一个语音成分都是标准的，都是普通话的成分。在北京音里，由于各种原因也存在一些分歧，如异读、土话成分、轻声儿化成分过多等，普通话审音委员会对此进行了审定。

在词汇方面，普通话以北方话词汇为基础。但有些地方性很强的词，说出来只有较少地方的人能听懂，也不能收到普通话中。为了丰富词汇，普通话也从方言、古语词和外来语中吸收部分词。如何排除某些词存在的分歧现象，也是词汇规范化的任务。

在语法方面，普通话以典范的现代白话文著作为语法规范，要以现代著名作家的优秀白话文作品以及正式的文件、社论等典范的白话文著作中的一般用例（而非特殊用例）作为语法规范。

1.语音的规范

北京语音内部存在一些分歧现象，审音委员会对此进行了规范。

第一种是北京口语的土语成分。例如：

把"太好了"读作"tuīhǎole"；

把"不言语"(不说话)读作"bùyuányì"。

第二种是北京话的儿化和轻声现象特别多。普通话只吸收了能区别词义和词性的部分。例如：

信儿(消息)，与信(书信)不同；

头儿(为首的)，与头(脑袋)不同；

地道(dìdao，好，真，形容词)，与地道(dìdào，地下的通道，名词)不同；

大意(dàyi，形容词)，与大意(dàyì，名词)不同。

至于不具有区别词义和词性作用的儿化和轻声，普通话并不收录。例如，北京话中的"地点儿""伙伴儿"普通话中读为"地点""伙伴"，"职业(轻)""牢骚(轻)"第二音节就不必读轻声了。

第三种是异读词，即习惯上有几种不同读音的词，必须确定一个读音而删除另一个。针对异读词，国家语委和国家教委(今国家教育部)和广电部于1985年12月发布了《普通话异读词审音表》，对异读词进行了规范。例如下面的一些词，前面的读音为确定的正确读音：

酵母(jiào——xiào)　怯懦(qiè——què)　拂晓(fú——fó)

啥(shá——shà)　拙劣(zhuō——zhuó)　通缉(jī——jí)

横财(hèng——hēng)　教诲(huì——huǐ)　嫉妒(jí——jì)

主角儿(jué——jiǎo)　刚劲(jìng——jìn)　矩形(jǔ——jū)

克扣(kè——kē)　按摩(mó——mō)　摄影(shè——niè)

剥削(bōxuē——bāoxiāo)　抛头露面(lù——lòu)

2.汉字的规范

我国的文字改革包括文字制度上的变革和文字内部的简化、整理两方面的内容。汉字的改革工作是一个长期而漫长的过程，众多专家学者为汉字的改革进行了长期艰苦的奋斗。

按照约定俗成、稳步前进的原则，1956年，国务院公布了《汉字简化方案》，此方案几经修改、审定，简化了部分部首，类推简化了一批繁体字，颁布了《简化字总表》，对中小学语文教学和扫盲工作都起到了重要的推动作用。例如：

坝〔壩〕　板〔闆〕　办〔辦〕　帮〔幫〕　宝〔寶〕　报〔報〕　胜〔勝〕

盖〔蓋〕　赶〔趕〕　个〔個〕　巩〔鞏〕　沟〔溝〕　湿〔濕〕　么〔麼〕

开〔開〕　克〔剋〕　垦〔墾〕　恳〔懇〕　夸〔誇〕　块〔塊〕　亏〔虧〕

梦〔夢〕　面〔麵〕　庙〔廟〕　灭〔滅〕　伤〔傷〕　舍〔捨〕　声〔聲〕

让〔讓〕　扰〔擾〕　热〔熱〕　认〔認〕　干〔乾、幹〕　蒙〔矇、濛、懞〕

汉字整理的另一个内容是精简字数,其中对异体字的整理十分重要。异体字是音同、义同而形体不同的字。这类异体字较多,其存在没有任何积极意义,反而增加了人们的负担。1955年,文化部和文改会公布了《第一批异体字整理表》,根据从俗从简的原则,每组选定一种形体作为规范字,其余的作为异体字,如:

蹴〔蹵〕　耽〔躭〕　朵〔朶〕　稿〔稾〕　歌〔謌〕　菇〔菰〕　鼓〔皷〕

期〔朞〕　径〔逕〕　懒〔嬾〕　棱〔稜〕　楞〔愣〕　梨〔棃〕　绿〔菉〕

觅〔覔〕　憩〔憇〕　券〔券〕　群〔羣〕　兔〔兎〕　址〔阯〕　置〔寘〕

妆〔粧〕　同〔仝、衕〕　碰〔掽、踫〕　尝〔嚐、甞〕　匆〔悤、忽〕

抵〔牴、觝〕　呼〔虖、嘑、謼〕　糊〔餬〕

　　异形词是社会上并存并用的同音、同义而书写形式不同的词语。教育部和国家语委于2001年12月发布了《第一批异形词整理表》,对异形词进行了整理。如下面部分异形词的整理,前面的词语为规范用词:

辈分—辈份　笔画—笔划　差池—差迟　踟蹰—踟蹰　赐予—赐与

掺杂—搀杂　倒霉—倒楣　覆辙—复辙　恭维—恭惟　辜负—孤负

担心—耽心　关联—关连　规诫—规戒　轰动—哄动　寄予—寄与

流连—留连　图像—图象　稀世—希世　训诫—训戒　账本—帐本

装潢—装璜　姿势—姿式　搭档—搭当、搭挡　凋敝—雕敝、雕弊

丰富多彩—丰富多采　服侍—伏侍、服事　斑白—班白、颁白

出谋划策—出谋画策　直截了当—直捷了当、直接了当

图7　王宁《通用规范汉字字典》

3.词汇的规范

相较于语音系统和语法系统,词汇系统是较为活跃的语言系统,社会的发展变化在语言系统中最先表现在词汇系统中。普通话词汇系统的规范主要表现在对从方言词、古语词或其他语言新吸收进来的成分进行规范。

近百年来,普通话词汇发展得较为迅速,大量的基础方言和非基础方言词涌入普通话,这的确起到了丰富普通话词汇的作用,但也给普通话词汇带来了一些分歧和混乱。部分方言词,由于它具有某种特殊的表现力或特殊表现范围,已经或将会成为普通话中某同义词群中有用的一员,如"老鼠、耗子""搞、弄"等,这类词无论在词的义项或义素方面,还是在色彩意义或搭配范围方面都是有差异的,不应被看作"规范的对象"。

吸收外来词对丰富本民族语言词汇,增强语言表达能力,有积极作用,但也应注意对外来词的规范。首先注意不能乱用外来词,如用"连衣裙",不用"布拉吉";用"小提琴",不用"梵哑铃";用"涤纶",不用"的确良"。其次,必须统一外来词的汉字书写形式,例如,用"高尔基",不用"戈里基";用"托拉斯",不用"托拉思";用"尼龙",不用"呢隆"等。最后,吸收外来词,应尽量采用意译方式,因为意译方式更贴近民族语言习惯,便于理解和记忆。例如,用"维生素",不用"维他命";用"话筒",不用"麦克风";用"青霉素",不用"盘尼西林"等。

吸收古语词也是丰富现代汉语词汇的一个重要途径,但应吸收那些有表现力或适应特殊场合需要的古语词,反对吸收那些丧失了生命力的词语,反对一味仿古。例如,我们可以吸收"状元""秀才""哀悼""呼吁"等古语词,但应避免使用如"滥觞""衔泣""崚嶒"等词。

三、普通话的土壤

普通话是在方言的基础上确定下来的,它以北京语音为标准音,以北方方言为基础方言。因此,普通话的发展和方言是分不开的。目前社会中,普通话与方言是共存的,在公众交际场合,人们用普通话消除方言的语言障碍进行交际,在家里或与老乡交流时,可以一起用方言交谈,这与普通话的推广是互不相悖的。

1.方言的魅力

中国幅员辽阔,造就了各个地区各有特色的方言,方言文化也成为中国特色文化的重要组成部分。方言是每个地域不能被复制的乡音,是让游子魂牵梦绕的故乡的缩影。是它让漂泊在外的家乡人,抑或穷困潦倒,抑或繁花似锦,回首人生,深记自己的根在哪儿。"老乡见老乡,两眼泪汪汪"的感动,仅仅用一句乡音就可传达得淋漓尽致。

正因方言独特魅力的存在,很多影视作品和电视节目、文学作品等喜欢用方言表达感情,并深受人们的喜爱。

影视作品中,导演或多或少喜欢用方言对白,感觉用方言抒发的感情更真挚,更接地气,这使得很多有方言对白的影视作品和演员深入人心。如陕西方言的作品有《高兴》《白鹿原》《关中刀客》《疯狂的赛车》等,河南方言的作品有《不是闹着玩的》《盲井》等,云南方言的作品有《十全九美》《千里走单骑》等,东北方言的作品有《落叶归根》《乡村爱情故事》等。再如,闫妮在《武林外传》中的陕西话、王宝强在《天下无贼》《士兵突击》《人在囧途》等中的河北话、黄渤在《无人区》《斗牛》《疯狂的石头》《民兵葛二蛋》等中的山东话。影视作品中的方言演绎成就了一批生动的荧幕形象,使得像佟掌柜、傻根、许三多、葛二蛋、牛二等艺术形象深入人心。

目前全国各地电视台很多都有地方话节目,广东省的珠江频道是中国内地第一个用粤语方言播出的电视频道,也是广东省所有境内频道中覆盖面最广、收视率最高、创收最优的电视频道。部分地方电视台为了更加迎合当地人民的审美情趣,增加亲切感,催生了一批使用方言的电视综艺节目和新闻节目,如山东齐鲁电视台的电视新闻节目《拉呱》,用朴实的济南话播报新闻,深受当地人的喜爱。这些浓郁的地域文化,让节目增加了文化性、地域性,同时也多了真实性。

音乐作品中也不乏充满方言特色和地域文化的创造。其中,很多充满方言特色的民族歌曲成为大众耳熟能详的作品。如广西民歌《山歌好比春江水》、云南民歌《阿老表》、陕北民歌《南泥湾》、山东民歌《沂蒙山小调》等等。除了这些脍炙人口的优秀民歌作品之外,各地区的音乐人还以当地方言腔调为音乐特色制作了不少诙谐幽默的作品,增加了当地人民的生活乐趣,成为他们茶余饭后的休闲娱乐素材。

2014年,24岁的成都小伙谢帝把川话版的《明天不上班》唱上了《中国好歌曲》的舞台,获得了导师的好评。歌词摘录如下:

老子明天不上班

爽翻,巴适的板

老子明天不上班

想咋懒我就咋懒

老子明天不上班

不用见客户装孙子

明天不上班可以活出一点真实

老子明天不上班

闹钟响也不用管

最烦每天清早儿晨听到闹钟在那喊

睡都没有睡醒

脑壳都是负的

人是木的

来到公交车站人多得爆,看到就烦

然后上车马上堵起,车动都动不到

······

川话版的《明天不上班》火遍了上班族的微博、微信朋友圈和各大视频网站,点击量破百万。不少网友纷纷表示,这首歌曲虽以一副看似玩世不恭的语调出现,配合说唱形式,却吐露了广大上班族的心声,被称为新一代白领减压神曲。

除此之外,很多文学作品中,为了更形象、贴近现实地传神表达,相较于用普通话,方言更能为作家的叙事服务。像2012年获得诺贝尔文学奖的莫言,在其很多作品中都用到了山东高密方言,如《红高粱》《蛙》等等。再如贾平凹的《秦腔》《废都》等作品中多处都用到了陕北方言。文学作品中这句句最熟悉最亲切的乡音,成为作家抒发情感、描物叙事最真挚的笔触,同时也给了大众内心深处最真诚的触动。

2.普通话普及的必要性

方言是地方特色文化的重要组成部分,其自身有着不可磨灭的独特魅力,是人们内心最真挚乡情的寄托,也为众多影视、音乐和文学等艺术创作提供了语言素材。但方言的差异性并不利于不同地区之间人们的交流。我们来看下面一些方言笑话。

云南话笑话:

有两个云南人到北京去游玩,听说北京烤鸭很出名,就决定去吃。刚坐下,其中一个就对服务员说:"去拿两只烤鸭来甩甩!"

等了一会儿,他们只见那个服务员提了一只烤鸭在他们面前晃了晃就走了。

有一个等不及了,就把服务员叫来问为什么还不上他们的烤鸭。那个服务员说:"你不是叫我提一只烤鸭来甩甩吗?"

殊不知,在云南话中,"甩甩"是"吃"的意思。

山东话笑话：

有个外国的美食考察团来山东考察鲁菜，要把鲁菜引到他们国家。听说莱芜的炒鸡、全羊汤、肴肉很有名，就到莱芜考察去了。走着走着，看到一个老太太，正坐在门前，抱着一只猫在晒太阳。外国朋友礼貌地打招呼，翻译按当地的习惯说："老太太，外国朋友问你在做什么呢。"老太太说："鼓捣猫呢！"外国朋友听成了"Good morning"，大喜，认为老太太会用英语打招呼，就送了老太太一个小礼品。老太太接过来一看，说："俺莱芜有！"老外一听，不得了，老太太真的会说英语，会说"I love you！"一激动就要拥抱老太太。老太太说，"你净闹，闹！"——你看，老太太连"No"都会说！

莱芜方言的发音很巧合地与英语发音相似，使得外国朋友误以为老太太会说英语。如果老太太说的是普通话，那就不会引起这种误会了。

东北话笑话：

上大学时，宿舍里的同学来自五湖四海，说话也是鸡同鸭讲。

一日，一东北男生和一甘肃男生去买方便面，东北男生自言自语道："整个啥味儿的呢？葱香牛肉的吧！"

旁边甘肃男生好奇地问："什么叫整？"

东北男生答："吃呗，就是吃的意思。"

傍晚，我们三人去卫生间，卫生间下水道堵了，导致里边"黄金万两"。

东北男生一看，大怒道："这可咋整啊？"

话音未落，后面的甘肃男生面如土色，干呕不止……

甘肃籍男生不知，在东北方言中，"整"除了"吃"的意思之外，还有"弄、搞、处理"的意思。

甘肃话笑话：

有几个敦煌人到兰州来，上了公共汽车，一块儿买了车票，其中的一个离开大家到了车厢的另一头坐下。售票员查票查到他时，他拿着车票的伙伴看到了，就赶紧喊："同志，我们是'意大利的'。"售票员一听火了："你就是联合国的也要买票，还意大利的呢！"

殊不知，"意大利"其实是敦煌方言中"一块儿"的意思，写出来应该是"一搭里"。

从以上不同方言的笑话中我们可以看到，普通话和各地方言的差异颇大，在公众的交际中，如果不同地域的人都用自己的方言交流，势必会造成笑话中的效果，引起误会，不利于交际的顺利进行。正鉴于此，普通话作为民族共同语角色的重要性也就凸显了出来。在我国多民族、多语言的社会环境中,推广普通话的任务势在必行。

3.普通话推广与方言

随着普通话推广工作的开展,"学说普通话,方便你我他"的思想已深入人心,普通话已经成为我国现代社会公众交际场合不容置疑的通用语言。但随之而来的,是部分方言特色的消失。在普通话推广工作中,我们需认清普通话推广与方言之间的关系问题,推广普通话并不是为了消除方言。

在现实社会中,方言有其存在的价值和意义,这是不争的事实。方言散发着其独特的魅力,它已经成为地域文化的重要组成部分,它所传达的故乡情结是其他任何形式的语言都无法代替的。

另外,方言还有重要的语言学研究价值。首先,它为新词新语的产生提供了重要的语言素材,是丰富现代汉语词汇系统的重要力量。很多新词新语都来源于各地的方言,例如"得瑟""闹心""不差钱"等词来源于东北方言,"山寨"来源于广东话,"赞"源于吴方言等等。其次,方言也是汉语史研究的活化石。汉语史研究中,有限的古典文献并不足以提供足够的研究资料,各地方言中或多或少保留了古音,可以通过方言语音和普通话语音的比较探究古今语音的变化历程,从而拟定古音系统。目前,方言学已经成为一个重要的研究领域,众多学者从事各地方言的研究,为汉语史的研究以及记载正渐渐流失的各地方言而努力。

随着普通话推广工作的深入,会说普通话似乎已经成为个人素质的一部分了。特别是对年轻人来说,众多年轻人离开自己的家乡在外打拼、学习,一直使用普通话进行交际,以致有的甚至忘记了自己的方言。另外,中小学的普通话教学也减少了学生接触自己方言的机会。普通话推广已经造成了方言力量的流失。有的人甚至极端地认为推广普通话就是要消灭方言,这种想法是不正确的。

我们需要清楚,普通话和方言并不是你存我亡的关系。推广普通话是让普通话成为社会大众在公众场合的交际工具,是为了更好地让社会大众无障碍交流,满足人们在社会大家庭中日常交际的需要,而不是消灭方言。在公众场合可以说普通话,在家里、老乡们见面就可以说方言,这互相之间并不矛盾。

因此,普通话固然要推广,可是语言的作用不仅是简单的内容交流,还有一个"情感""文化"的问题。方言正是家乡人"情感"和"文化"的寄托。

四、普通话的推广

白"普通话"民族共同语的地位确立以来,国家一直很重视普通话的推广工作,在政府的领导下,社会各界开展了一系列的普通话推广工作,普通话的普及已经成为一种大趋势和既成事实。新时期,普通话的推广要以大中城市为中心,以学校为基础,以党政机关为龙头,以广播电视等新闻媒体为榜样,以公共服务行业为窗口,带动全社会推广和普及普通话。

今后执行的推广普通话的方针是"大力推广,积极普及,逐步提高"。我们的任务是将普通话普及为社会交际中的"四用语"。第一,以汉语授课的各级学校使用普通话进行教学,使普通话成为教学语言。第二,县以上各级以汉语播放的广播电台、电视台均使用普通话,使普通话成为宣传工作的规范语言。第三,全国机关团体、企事业单位进行公务活动时必须使用普通话,使普通话成为工作语言。第四,不同方言区及国内不同民族的人员交往时使用普通话,使普通话成为全国的通用语言。

为更加有效地推动普通话普及工作,不断提高全社会的普通话水平,中央有关部门决定,对一定范围内的岗位人员进行普通话水平测试,并从1995年起,逐步实行按水平测试结果颁发普通话等级证书的制度。测试对象包括:县以上的广播员、节目主持人、普通话教师、影视演员和相关院校的毕业生,以及中小学教师、师范学校教师和毕业生。目前,已成立专门的国家普通话水平测试委员会,负责领导全国各地的测试工作。

图8 普通话水平测试等级证书

普通话水平测试等级标准如下:

一级:

甲等:朗读和自由交谈时,语音标准,词汇、语法正确无误,语调自然,表达流畅。测试总失分率在3%以内。

乙等:朗读和自由交谈时,语音标准,词汇、语法正确无误,语调自然,表达流畅。偶有字音、字调失误。测试总失分率在8%以内。

二级：

甲等：朗读和自由交谈时，声韵调发音基本标准，语调自然，表达流畅。少数难点音(平翘舌音、前后鼻尾音等)有时出现失误。词汇、语法极少有误。测试总失分率在13%以内。

乙等：朗读和自由交谈时，个别调值不准，声韵母发音有不到位现象。难点音较多(平翘舌音、前后鼻尾音、边鼻音、fu-hu、z-zh-j、送气不送气、i-u不分，保留浊塞音、浊塞擦音、丢介音、复韵母单音化等)，失误较多。方言语调不明显。有使用方言词、方言语法的情况。测试总失分率在20%以内。

三级：

甲等：朗读和自由交谈时，声韵调发音失误较多，难点音超出常见范围，声调调值多不准。方言语调较明显。词汇、语法有失误。测试总失分率在30%以内。

乙等：朗读和自由交谈时，声韵调发音失误较多，方言特征突出。方言语调明显。词汇、语法失误较多。外地人听其谈话有听不懂情况。测试总失分率在40%以内。

对于有普通话等级要求的职业，不同岗位对普通话水平的要求也有所不同。目前，教育部门规定一般教师和申请教师资格者的普通话水平应不低于二级乙等，语文教师和对外汉语教师的普通话水平应不低于二级甲等，语音教师的普通话水平应不低于一级乙等；广电部门规定国家级和省级电台、电视台的播音员和节目主持人的普通话水平应达到一级甲等，其他电台、电视台的播音员和节目主持人的普通话水平应不低于一级乙等；人事部门规定国家公务员的普通话水平应不低于三级甲等；有些行业和省市对公共服务行业的从业员工的普通话水平也提出了相应的等级要求。

学校是普及普通话的基本阵地。儿童少年时期是学习语言的最佳阶段，学校普及普通话既是素质教育的重要内容，也是全社会普及普通话和提高全社会普通话应用水平的根本途径。对各个院校教师，特别是对中小学教师的普通话普及工作一直是普通话推广的重中之重，教师"说普通话，用规范字"已经成为良好师德修养和较高业务素质的标志。目前，在部分偏远地区或农村地区，部分中小学教师普通话水平偏低，并未达到国家规定的普通话水平等级。这也成为我们接下来普通话推广工作的重点，我们必须进一步加强农村地区的普通话推广工作。

对少数民族的普通话普及工作也是新时代普通话推广工作的重点。我国是一个多民族、多语言、多方言的人口大国,很多少数民族都有自己独特的语言和文化。相较于汉语不同地区的方言,少数民族语言与普通话差异甚大,这就使得少数民族群众学习普通话和在少数民族群众中推广普通话过程中遇到的阻力和难度也较大。另外,部分人对针对少数民族的普通话普及工作认识不清,错误地认为在少数民族中普及普通话是对少数民族的"同化"。我们需要认识到,推广全国通用的普通话,不光是在民族地区,内地其他地区也一样。各个民族都有民族语言,在民族地区要为民族群众服务,就需要用民族语言。但是在全国,在整个国家的层面,在其他地区要做工作,就需要普通话。因此,少数民族地区的普通话普及工作并不是对少数民族语言和文化的同化,而是普及大众的交际工具,并且势在必行。

自新中国成立以来,普通话推广工作已经取得了显著效果,人们对普通话有了较全面的认识,普通话普及基本满足了社会交际的需要,为社会主义建设和建设者起到了重要的服务作用。实践证明,推广普通话对于国家统一、民族团结、社会的进步和文化的传承有着颇大的影响力。普通话成为天南海北、有着不同方言背景的社会大众共通的交际工具,消除了交际的障碍,有利于国家的统一和民族的团结。随着中国国际地位的提高,越来越多的外国人开始学习汉语,普通话也成为他们的学习标准。做好语言文字工作,加速国家语言文字的规范化和标准化进程,不仅推动和支持了中国先进文化发展,同时,也成为中国与世界对话的具有中国特色的工具。

源远流长的普通话

YUANYUAN-LIUCHANG DE PUTONGHUA

异彩纷呈的称谓语

人与人之间的相互关系以及人们所扮演的社会角色带来的特定名称，就是称谓语。早在殷商时代，就有"父""母""妣""众人（奴隶）""臣""多尹（官吏）"等称谓语。"称谓"一词，最早见于《晋书·孝武文李太后传》所载会稽王司马道子的书启："虽幽显同谋，而称谓未尽，非所以仰述圣心，允答天人。宜崇正名号，详案旧典。"[①]这里的"称谓"指的是对人的称呼，这与我们今天所说的"称谓"已经十分接近。称谓语历来是辞典辑录的重点。我国第一部辞典《尔雅·释亲》篇系统介绍和阐释了亲属称谓语的用法和意义；东汉刘熙所撰的《释名·释亲属》、明代李翊的《俗呼小录》、清代周象明的《称谓考辨》等都从语源学和词义学的角度对称谓语做了较为系统的释义和考辨；清代梁章钜三十二卷的《称谓录》汇编了文献称谓系统，这是古代称谓语的集大成之作。现代汉语称谓语根据指称对象在场与否，可以分为面称与背称两类。同一指称对象，往往也有"面称"与"背称"的区别，例如"father"，面称是"爸爸""爸"，背称是"父亲""父"。

这里我们来关注几组汉语中常用的称谓语。

一、"爸爸"类称谓之变

全世界6000多种语言中，有许多发音相近、意义类似的词语，"爸爸"就是其中之一。法国人类学家研究表明，"爸爸"这个词在70%的人类语言中都有较为相似的发音，并且意义类似，很有可能是人类最先学会的词语。

汉语中，最早出现的"父亲"称谓语是"父"，在甲骨文时期，"父"已经用来指称父亲了。黎锦熙先生（1933）根据古音规律得出结论，"爸"是"父"的

①〔唐〕房玄龄等：《晋书·孝武文李太后传》，北京：中华书局，2008年。

本音,也就是说,"父"字在上古时代,实际读法与"爸"相近。"爸"字最早出现在《广雅》中,解释为"爸,父也",后来《玉篇》《广韵》《集韵》《康熙字典》都收录了"爸"字。但"爸"在文献中的出现频率并不高,一直到国语运动后,地位才得到了提升。

社会语言学家、暨南大学郭熙教授(2006)总结胡士云(2002)的研究成果,把汉语中"父亲"类称谓语分成七类,分别是(1)"父"类:父亲;(2)"爸"类:爸爸;(3)"爷"类:阿爷;(4)"爹"类:老爹;(5)"大"类:大大;(6)"伯"类:伯伯;(7)其他:老子、阿官。郭熙教授搜集161个汉语方言点的"父亲"类称谓,根据数量多寡,我们将前六种做出排序:

"爸"类(111)>"爹"类(89)>"父"类(56)>"大"类(44)>"爷"类(20)>"伯"类(14)

"爸"类主要出现方言点:北京、天津、石家庄、呼和浩特、长春、郑州、武汉、南京、杭州、海口、重庆、西安、兰州、银川、乌鲁木齐。

"爹"类主要出现方言点:天津、石家庄、长春、哈尔滨、上海、苏州、济南、广州、昆明。

"父"类主要出现方言点:北京、沈阳、苏州、徐州、洛阳、武汉、宝鸡、汉中。

"大"类主要出现方言点:太原、呼和浩特、徐州、连云港、济南、济宁、西安、天水。

"爷"类主要出现方言点:运城、晋城、上海、苏州、杭州、金华、南昌、建瓯、江永。

"伯"类主要出现方言点:沧州、宁波、温州、金华、合肥、郑州、襄樊、自贡、昭通。

可见,在现代汉语方言中,"爸"类称谓语数量比较有优势,"爹"类次之。"爹"字最早出现在三国时期张揖编纂的《广雅》中,根据古音对应规律,"爹"本应读为dà,和"大"类其实是同源的。口语在发展过程中保留了dà的发音,而书面语仍然写成"爹",为了给dà读音找一个文字载体,"大""达达"等同音词出现了。在《金瓶梅》中,就有这样的句子:

金莲便问道:"教你拿酒你怎的?拿冷酒与你爹吃,原来你家没打了。"[1]

妇人……说道:"我的亲达达,你好歹看奴之面,奈何他两日,放他出来。"[2]

异彩纷呈的称谓语

YICAI FENCHENG DE CHENGWEIYU

①〔明〕兰陵笑笑生:《金瓶梅词话》,第三十回,北京:人民文学出版社,1985年。

②〔明〕兰陵笑笑生:《金瓶梅词话》,第二十六回,北京:人民文学出版社,1985年。

"爷"作为称谓语,在古代诗歌中也有出现,如《木兰辞》中有"军书十二卷,卷卷有爷名",《兵车行》中也有"车辚辚,马萧萧,行人弓箭各在腰。耶(爷)娘妻子走相送,尘埃不见咸阳桥"。从"父亲"类称谓语的整个历史脉络来看,"父"是最早出现并一直沿用的称谓,而除"父"外,其他称谓则经历了"(爸)—爷—爹—爸"这样一个兴衰历程。

图18　米芾手书《木兰辞》

另外值得一提的是"岳父"这一称谓语。

现在几乎不用"岳父""岳母"做面称,丈夫一般都随着妻子用"爸爸""爸"或"爹"面称,有了孩子后,也有随孩子称呼"他姥爷/外公"或"孩子姥爷/外公"的。若向他人提及或介绍的时候,常有人用"岳父""丈人""老丈人""岳丈""泰山""孩子姥爷"等词。古代诗歌中常常可以见到用"舅"指称"岳父","姑"指称"岳母",如唐代朱庆余《近试上张水部》:"洞房昨夜停红烛,待晓堂前拜舅姑。妆罢低声问夫婿,画眉深浅入时无?"这是古代"舅姑表亲婚"婚姻制度的反映。现代汉语里,"舅"已经失去了这个用法。

"丈人"一词起源于西汉时期的匈奴族,2世纪初,汉高祖刘邦为了稳固疆界,运用"和亲"政策笼络匈奴,免于战事。因此,匈奴头领便对人说:"汉天子,我丈人行也。"随着历史的发展,语言的扩散,汉族地区的人们也开始用"丈人"了。因为丈人是长辈,为了显示尊敬,就在前面加"老"字,便有了"老丈人"的说法。

"泰山"一词也可指称岳父。有人对"泰山"做了解释:公元725年,唐玄宗前往泰山祭天地,按照惯例,参加祭祀的人除了三公以外全都晋升一级。宰相张说当时任祭祀使,他的女婿郑镒因此从九品官升到五品官,得到了穿紫色官服的特权。在欢庆的宴会上,唐玄宗对郑镒升得这么快非常惊讶。

伶人黄幡绰说："此乃泰山之力也。"这个说法被很多人看成是称谓"泰山"来源的解释。但是很有可能当时"泰山"已经有了"岳父"的意义，所以伶人黄幡绰说的是双关语，他说的"泰山"既可以理解为"岳父"，也可以理解为山的名字——泰山。也就是说，郑镒的破格提升既可以看作是他参加泰山祭祀的结果，也可看作是他岳父张说帮忙的结果。

关于称谓"泰山"和"岳"还有另一种说法：泰山又被称为"东岳"，有一座山峰名字就是丈人峰。因为"丈人"既有"岳父"之意，又是泰山的一座山峰名，所以"泰山"就成了对妻子父亲的称谓。泰山被称为"岳"，所以称谓"岳父"的"岳"就是由此而来。

二、"祖父"类称谓之变

长久以来，男性在汉文化中具有不可逾越的地位，"祖父"类称谓语异彩纷呈。方言中就有"爷""爹""公爹""公""祖公""祖""翁""伯""老""家""大""朝""官"等多种说法。重庆云阳把"祖父"叫"大大"，广东潮州叫"大父"，广东翁源称为"亚公"，湖南新宁叫"亚爷"，湖北鹤峰叫"老爷"，泰兴、如东、玉溪叫法更不同，叫"老老"。

虽然在汉民族的心理认知上，"外祖父"没有"祖父"亲，但称谓形式也同样丰富。洛阳、兰州、成都等地把"外祖父"叫"外爷"，上海称为"外公"，乌鲁木齐叫"外太爷"，江苏淮阴叫"外婆爹"，苏州称为"外公阿爹"，吉首、安庆称为"家公"，湖北宜昌叫"家公爷爷"，广东惠州、四川仪陇则叫"姐公"。

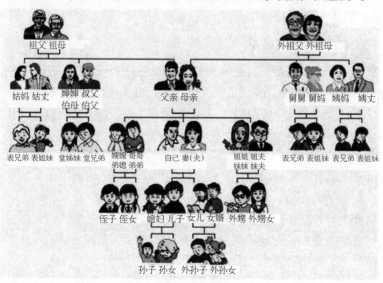

图19　亲属称谓图

从分布数量来看,"祖父"类称谓语主要有三种类型:"爷"类、"爹"类和"公"类。"爷"类主要出现在北方方言区(淮河以北),"公"类分布在长江以南地区,"爹"类分布于长江中下游地区。

"祖父"类称谓语与"父亲"类称谓语有相似之处,在不同的地区,两者有所分工。在北京、沈阳、洛阳、烟台、宝鸡、青岛、郑州、西宁、济宁、张家口、太原、呼和浩特等地,用"爷"称呼祖父,用"爹""大"称呼父亲。合肥、连云港、芜湖等地用"爹"称呼祖父,用"爷""大"称呼父亲。永定用"大"称呼祖父,用"爷"称呼父亲。有的地方用"爷""爹"称呼父亲,用"公"称呼祖父,如娄底、攸县。泰州、龙胜用"爹"称呼祖父,用"爸""父"称呼父亲。高安、南昌、武平等地用"公"称呼祖父,用"爷""爹""大"来称呼父亲。

在先秦时代,"父"只能指称"父亲",称呼祖父要用"祖",而"公"既能指称祖父,也能指称父亲。《尔雅·释亲》中有"祖,王父也"①。《礼记·内则》也有"凡父在,孙见于祖,祖亦名之。礼如子见父。无辞"②。《论语·学而》:"子曰:父在,观其志;父没,观其行;三年无改于父之道,可谓孝矣。"③唐代以前,"爷"和"爹"都是父亲的称谓语。《玉篇》载:"爹,父也。"④杜甫《北征》中有"平生所娇儿,颜色白胜雪。见耶(爷)背面啼,垢腻脚不袜"。"爷"指称"祖父"是很晚的事情,大约是在元代。《三国志平话》中有"你爷爷种瓜为生"⑤,这里"爷爷"是祖父的意思。清代的学者钱大昕的《十驾斋养新录》载"永清县有宋石幢,周遭镌。其末云:亡耶耶('耶耶'是'爷爷'的雏形)、王安娘娘。此谓大父大母。又县南兴安镇龙泉寺,有金大定三年碑,亦有王孝子爷爷之文,当亦谓其大父也。"⑥

三、"夫妻"类称谓之变

有学者指出,社会是以血缘关系为天然纽带形成的以夫妻关系为核心的庞大系统。"夫妻"称谓语从古代发展至今,形式丰富、变化多端。

汉语社会最早出现的夫妻关系称谓语是"夫""妻""妇",《易经》中有"夫征不复,妇孕不育,凶""入于其宫,不见其妻,凶"⑦。"妻子"最早出现是在《左

---

①《尔雅·释亲》,北京:中华书局,2014年。

②《礼记·内则》,上海:商务印书馆,1930年。

③《论语·学而》,上海:上海古籍出版社,2007年。

④〔南朝〕顾野王:《玉篇》,北京:中华书局,1985年。

⑤〔元〕《三国志平话》,上海:古典文学出版社,1955年。

⑥〔清〕钱大昕:《十驾斋养新录》,上海:商务印书馆,1935年。

⑦〔清〕傅以渐等:《易经通注》,上海:商务印书馆,1936年。

传》中,是名词"妻"和"子"的并列。"妻子"作为一个词则是唐代的事情,杜甫的《徒步归行》中有"妻子山中哭向天,须公枥上追风骠"。之后,"妻子"出现的频率逐步增多。"良人"一词在《诗经》中就出现了,上古"良人"是丈夫对妻子的称呼,后来多用于妻子称呼丈夫,既是面称称谓语,也是背称称谓语。《诗经·国风·绸缪》有"今夕何夕,见此良人"①,《孟子·离娄下》有"齐人有一妻一妾而处室者,其良人出,则必厌酒肉而后返"②,《唐诗三百首》有"何日平胡虏,良人罢远征"。"内人"一词也是上古就有,但是不多见,《礼记·檀弓》中有"今及其死也,朋友诸臣未有出涕者,而内人皆行哭失声"③。"丈夫"一词出现得也很早,《左传》《国语》《庄子》等先秦典籍中都有,但意思并不是女子配偶,而是成年男子的通称,《国语》中有"女子十七不嫁,其父母有罪;丈夫二十不娶,其父母有罪"④。南宋杂剧中"丈夫"出现了女子配偶称呼语的用法,《碾玉观音》中有"即时人去梳洗,换了衣服,出来上了轿,分付了丈夫"⑤。"丈夫"前面还可以加上人称代词,如"我的丈夫""我丈夫""你的丈夫"等,《错斩崔宁》中有"杀了我丈夫刘贵"⑥。

魏晋南北朝时期,夫妻间的爱称增多,《世说新语》上记载:"王安丰妇常卿安丰,安丰曰:'妇人卿婿,于礼为不敬,后勿复尔。'妇曰:'亲卿爱卿,是以卿卿,谁当卿卿?遂恒听之。'"⑦"卿卿"就是夫妻之间的爱称之词。"郎君"也是爱称,《辞海》解释为"妇女称夫或所恋之人"⑧,《全唐诗》中有"花如解语还应道,欺我郎君不在家"⑨。现代汉语中,"郎君"在文学语言中偶有使用,常常在前面加上"如意"一词。

宋元时代,男尊女卑思想盛行,出现了对妻子的蔑称,例如拙荆、浑家、贱内、贱荆、山妻、贱累等。《水浒传》中有"林冲答道:'恰才与拙荆一同来间壁岳庙里还香愿……'"⑩,《儒林外史》中有"范进唯唯连声,叫浑家把肠子煮

异彩纷呈的称谓语
YICAI FENCHENG DE CHENGWEIYU

①〔宋〕《朱熹集传·诗经》,上海:上海古籍出版社,2013年。
②《孟子·离娄下》,北京:外文出版社,2012年。
③〔宋〕朱熹等注:《四书五经》,北京:中国书店,1985年。
④张永祥:《国语译注》,上海:上海三联书店,2014年。
⑤《京本通俗小说》,上海:中国古典文学出版社,1954年。
⑥《京本通俗小说》,上海:中国古典文学出版社,1954年。
⑦〔南朝宋〕刘义庆撰:《世说新语》,北京:中华书局,2011年。
⑧夏征农主编:《辞海(第6版)》,上海:上海辞书出版社,2010年。
⑨《全唐诗》,上海:上海古籍出版社,1986年。
⑩〔明〕施耐庵、罗贯中:《水浒全传》,第七回,长沙:岳麓书社,2009年。

了,烫起酒来,在茅草棚下坐着"①,《红楼梦》中有"因贱荆去世,都中家岳母念及小女无人依傍教育,前已遣了男女船只来接"②,《金瓶梅词话》"西门庆道:'……今继要娶这个贱累,又常有疾病,不管事,家里的勾当都七颠八倒'"③。现代汉语中,最常见的夫妻称谓语是"老公"和"老婆"。关于"老公""老婆"称谓,还有这样一个故事。唐朝有个读书人,名叫麦爱新,嫌弃自己的妻子年老色衰,写了一副对联讥讽妻子"荷败莲残,落叶归根称老藕",他的妻子看到了,便续写了下联"禾黄稻熟,吃糠见米现新粮"。麦爱新被妻子的才思打动,放弃了纳新的念头。妻子看到丈夫心意回转,写道"老公十分公道",丈夫看到此,便也写道"老婆一片婆心"。从文献来看,"老婆"一词最早出现在唐代,可指"老年女性",也可指"妻子"。《寒山诗校注》中有"老婆嫁少夫,面黄夫不爱""老翁娶老婆,一一无弃背"④,《错斩崔宁》中有"你在京中娶了一个小老婆,我在家中也嫁了一个小老公,早晚同赴京师也"⑤。另外,在古代文献中,"老婆"还可以称呼老女仆和妓女。如《醒世姻缘传》中有:"自从他进监以来,那残茶剩饭,众婆娘吃个不了,把那几个黄病老婆吃得一个个肥肥胖胖的。"⑥《金瓶梅词话》中有:"就有些得皮得肉的上人们,一个个多化了。只有几个惫赖和尚,养老婆,吃烧酒,甚事儿不弄出来!"⑦《儒林外史》中有:"老爹,我也没有甚么混账处。我又不吃酒,又不赌钱,又不嫖老婆。每日在测字的桌子上,还拿着一本诗念,有甚么混账处?"⑧"老公"最早出现在《论衡》中,"有一老公过,请饮,因相吕后曰:'夫人,天下贵人也。'"⑨但在这里,"老公"的意思是老年男人。表达"丈夫"意义的"老公"最早出现在南宋,《简帖和尚》里就有"小娘子道:'我上无片瓦,下无卓锥,老公又不要我,又无亲戚投奔,不死更等何时!'"⑩从明清开始,"丈夫"义的"老公"逐渐增多。《醒世恒言》:"你日后拣一个知趣的才嫁给他,若遇着那般俗物,宁可

①〔清〕吴敬梓:《儒林外史》,第三回,北京:中华书局,2013年。

②〔清〕曹雪芹、高鹗:《红楼梦》,第三回,南京:译林出版社,2009年。

③〔明〕兰陵笑笑生:《金瓶梅词话》,第三回,北京:人民文学出版社,1985年。

④钱学烈校注:《寒山诗脚注》,广州:广东高等教育出版社,1991年。

⑤《京本通俗小说》,上海:中国古典文学出版社,1954年。

⑥〔清〕西周生:《醒世姻缘传》,上海:上海古籍出版社,1981年。

⑦〔明〕兰陵笑笑生:《金瓶梅词话》,第五十七回,北京:人民文学出版社,1985年。

⑧〔清〕吴敬梓:《儒林外史》,第五十四回,北京:中华书局,2013年。

⑨〔东汉〕王充:《论衡》,北京:中华书局,1985年。

⑩〔明〕洪楩辑、程毅中校注:《清平山堂话本校注》,北京:中华书局,2012年。

一世没有老公,不要被他污辱了身子。"①《水浒》:"王婆笑道:'我不风,他家自有亲老公!'"②到了清代,"老公"一词也可指代"太监",如《红楼梦》中"门上的人进来回说:'有两个内相在外,要见二位老爷。'贾赦道:'请进来。'门上的人领了老公进来"③《官场现形记》中有"他就立刻进京,又走了老公的门路"④。太监和丈夫同用一个词,难免让人心情不畅,因此从交际用语中消失了。随着改革开放的不断推进,港台的影视作品进入内地,两地交流密切起来,指称丈夫的"老公"再度出现。很多人以为"老公"是港台方言带来的方言词,其实并非如此。

社会地位的差异,也会导致丈夫、妻子称谓语的不同,王跃的《老茶客闲话》中有一段有趣的文字(106页,四川文艺出版社1999年):

> 老茶客总结说,官员的女人叫"夫人",南方乡下人的女人叫"堂客",北方的叫"孩子他娘"。工人的女人叫"老婆";农民的女人叫"婆娘";军人的女人叫"家属";商人的女人叫"妇人"。秀才叫"贱内";文人的女人叫"糟糠";洋人的女人叫"甜心";酒鬼的女人叫"贱货"。⑤

图20　唐代寒山大师诗作《寒山诗》

方言中关于"丈夫""妻子"的称谓语更是丰富有趣。商丘把"丈夫"称作

①〔明〕冯梦龙:《醒世恒言》,上海:上海古籍出版社,1998年。
②〔明〕施耐庵,罗贯中:《水浒全传》,第二十三回,长沙:岳麓书社,2009年。
③〔清〕曹雪芹、高鹗:《红楼梦》,第八十三回,南京:译林出版社,2009年。
④〔清〕李宝嘉:《官场现形记》,第九回,北京:人民文学出版社,1957年。
⑤王跃:《老茶客闲话》,成都:四川文艺出版社,1999年。

"外人",上海、苏州叫"屋里""家主公",枣庄说"外头个",奉节叫"外头的",贵州黎平叫"外头家",安徽歙县和云南大姚都叫"官客",浙江嵊县称"郎官",常州、余姚、绩溪叫"老倌",安徽金寨叫"小孩达",湖南宁远称"屋里爹爹"。西宁、兰州、成都等地把"妻子"叫作"婆娘",绥德、银川、太原称为"婆姨",江西上饶、广东阳江叫"妇娘",福建顺昌、光泽叫"妈娘",上海、苏州叫"家主婆",辽宁海城、陕西汉中称作"家里人",福建莆田叫"厝里",广东潮阳叫"厝内",南京、重庆、宜昌等地叫"堂客",江苏泰兴、湖北天门称作"女将",四川阆中、浙江淳安叫"女客",福州叫"姆",厦门是"姐",长乐是"底嫂",浙江寿昌叫"内客",浙江东阳是"内家",安徽铜陵为"内荆",河南兰考说"家小",还有很多,如"屋头""屋头的""屋舍的""看屋的""烧火的"等等。

四、通用面称形式之变

1.同志

提起"同志"一词,中年以上的国人皆耳熟能详。它曾是中国近现代史上出现频率极高的名词,在神州上空飘忽回荡。虽然当今时日,已风光不再,另有所指。但在20世纪80年代以前,"同志"这个称呼是最常用但也是最具政治色彩的称谓。

"同志"一词可谓是源远流长,原指志同道合的人,在我国古代,同志与先生、长者、君等词的含义一样,都是朋友之间的称呼。春秋时期,左丘明在《国语·晋语四》中对"同志"一词做了解释:"同德则同心,同心则同志。"[1]《后汉书·刘陶传》曰:"所与交友,必也同志。"[2]

及至清末,中国同盟会在日本成立,受其影响,会员之间以"同志"互称。到了现代,不知不觉间,"同志"一词被赋予了浓厚的政治色彩,成为政党内部成员和政治志向相同者相互之间的称呼。孙中山在1918年曾发表《告海内外同志书》,也曾在遗嘱中发出"革命尚未成功,同志仍须努力"之呼吁。

1920年,毛泽东、罗学瓒等人在通信时,也开始引用"同志"一词。十月革命后,该词被世界各国共产党人广泛采用。1921年,中国共产党成立,在中共一大党纲中便有规定:"凡承认本党党纲和政策,并愿成为忠实的党员者,经党员一人介绍,不分性别,不分国籍,均可接收为党员,成为我们的同志。"这是中国共产党在正式文件中最早使用"同志"一词,并赋予其新的含义。

---

① 张永祥:《国语译注》,上海:上海三联书店社,2014年。
② 〔宋〕范晔:《后汉书·刘陶传》,北京:中华书局,2012年。

新中国成立后，"同志"这个称呼就成为全国各族人民亲切尊敬的互相称呼。毛泽东同志在1959年指示，要大家互称"同志"。1965年12月14日，中央发出通知，要求党内一律称"同志"，不要叫官衔。至此，"同志"这一称呼已不单单只是一个称呼，而是发扬党的优良传统，克服和抵制旧社会腐朽习气和官僚主义作风的一种方式。

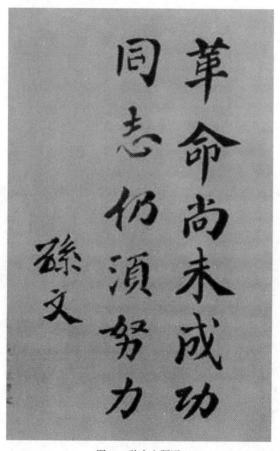

图21　孙中山题词

在"左"风大盛的"文革"时期，"同志"成为党内和人民内部成员之间相互称谓之特权，并颇引以为荣。而被视为阶级敌人和准阶级敌人者则无此资格和待遇。男女青年谈恋爱，用上"同志"最保险，既有红色的革命情怀，又有志向相同、心相连的小资情谊。夫妻生活一辈子，告别之语一定是某某同志离开了我们，这方显出革命友谊牢不可破。在受尽迫害之后，只要听到一声"同志"，辄令那些背运多舛之人热泪盈眶、激动不已。

然世事多变，白云苍狗，"同志"一词现在已是另有所指，早已背离时代赋予其的政治色彩,有了新的时代色彩。

1988年,在筹备香港"第一届同性恋电影节"时,有人建议挪用"同志"一词代替同性恋,以期淡化其爱欲关系。此后,主流媒体也逐渐采用"同志"一词代表同性恋,一时间,"同志影片""同志文学"等名目风靡台湾、大陆及世界各地。如今,连同志的汉语拼音tongzhi,也逐渐被英语世界所确认。

2.小姐

中国当代社会人与人之间的称谓第一次大的转变发生于20世纪80年代初期。最常见的称谓由"同志"变成了"先生""小姐",这一转变凸现出中国社会由政治文化向社会文化的转变。

"小姐"一词不是舶来品,一般认为"小姐"一词产生于宋代,最初指称官婢、侍女、艺人之类的下人,具有贬义。从元代开始,由于元曲的兴盛,元曲中的扮演者艺妓被高官文人所赏识。"小姐"一词的指称对象发生了巨大的改变,只指称出身门第高贵的富贵人家的女儿,如《红楼梦》中的很多"小姐"。辛亥革命以后,中国结束了两千多年的封建社会,人们受到自由、平等的西方先进文化的影响,封建的思想观念受到了巨大的冲击,人们渴望平等自由的意识逐渐强烈,这时相应地反映到语言中,"小姐"一词由只指称富贵人家的女儿开始平民化,开始指称一般女性。

新中国成立以后,建立了社会主义国家,建立了新型的社会主义制度,经济制度变成了公有制,人们要求平等的意识空前激昂,这时,社会通称"同志"取代了"小姐",无论男女,全部称呼"同志"。改革开放初期,商品经济的迅速发展引起了一系列的社会变化,新时代的女性深入到各行各业,并发挥了举足轻重的作用,为实现社会主义现代化努力奋斗,女性的社会地位得到提高。与此同时,为与国际接轨,各大学校开始普及英语教育,女性的称呼从"同志""师傅"中独立出来,与"Miss"相对,"小姐"成为大众对女性称呼的首选。

但随着改革开放的深入,中国经济的高速发展,在吸纳国外先进技术的同时,大量迪厅、酒吧、酒店等娱乐场所开始出现,一些不愿意付出艰辛劳动的女性便开始从事"三陪女"这种以出卖肉体为资本的行业,至此,用于称呼她们的"小姐"一词开始有了不好的含义,指称对象也开始复杂化,所以渐渐地人们开始避免使用这个词。至此,"小姐"一词开始慢慢地淡出人们的常规使用范围。

3.老板

开始的时候,拥有一定产业的生意人才被叫成老板。可是后来,"老板"

之风蔓延到了大学与机关。许多研究生改称导师为老板,最早是一些理工科的研究生创造出来的。什么原因呢？因为导师有课题,研究生参与做的话,导师一般会给劳务费,所以导师也像老板。后来,这股风气蔓延到其他学科,一时间叫导师为"老板"成为一种风尚。当然,在大多数情况下,这种称呼都是在私下场合里对第三人说的。现在,一些服务领域,或者有些人感觉自己社会地位相对较低,对方身份比他高,也都爱用"老板"来称呼。"老板"称谓的流行,与我国改革开放后,社会转型中人与人之间的经济关系的变化有关联。

4.老师

称谓语"老师"已经不局限在学校范围内使用了。电视节目上,主持人和嘉宾都被称作"老师",理发店里新手把资深技术人员也叫"老师",从这个层面看,"老师"的尊称内涵没有改变。探寻源头,"老师"作为称谓语使用是在唐代,用作对僧侣的尊称。在王建的《寻李山人不遇》中就有"从头石上留名去,独向南峰问老师"。五代时,"老师"也可以用来尊称手工艺者。直到金代,"老师"才演变出"传授知识,教育学生的人"之义项。如元好问《示侄孙伯安》中就有"伯安入小学,颖悟非凡儿,属句有凤性,说字惊老师"。改革开放以后,"老师"称谓开始泛化,不局限在教育领域内部,文艺界、出版界、医学界等领域也都使用"老师"作为尊称,而其他领域的人,为了表达尊敬,有时也可以使用"老师"。

5.亲

"亲"作为一个单音节词,复音化后极少单独使用。其单独作称谓语用起源于近来网络用语,由于其极大的灵活性及较高的实用性,产生以后迅速泛化,具有鲜明的时代色彩。

"亲"初始专指父母。父亲,母亲,双亲的"亲"即取其本义。后由父母义引申为"有血缘关系或者婚姻关系的人"。其后也引申为"接近,亲近"。但用"亲"作为称呼,则属于近几年的事情了。

刚开始是被淘宝网卖家使用,可以理解为"亲爱的""亲爱的顾客"之类,因此它也被称为淘宝体。这个"亲",作为一个称谓是十分合适的。一个"亲"字,既包含了"亲爱的朋友"的意思,又节省了聊天交易的时间,还让人产生特别亲切的感觉,不知不觉地营造出亲切亲热的氛围,对于双方关系的拉近,是极有好处的。导致后来买家也跟着称呼卖家为"亲",如此亲密关系的转化建立,也许只有在网络的特定空间中才能做到。随着网络用户的接受及传播,其作为一种全新的文体,一种俏皮的称呼广泛传播。甚至在现实

异彩纷呈的称谓语

YICAI FENCHENG DE CHENGWEIYU

生活中,它也凭借诙谐幽默的愉悦感被广泛应用,甚至在官方场合也经常能够看见它的身影。

图22　某地道路交通安全提示

当然,其应用仍然以网络居多,现实中使用则显得不够严肃,有时由于太暧昧反而会让听话人反感。2011年南京理工大学给被录取考生发的短信通知就使用了"亲":"亲,祝贺你哦!你被我们学校录取了哦!南理工,211院校哦!奖学金很丰厚哦!门口就有地铁哦!景色宜人,读书圣地哦!亲,记得9月2日报到哦!"整条短信使用了"淘宝体"。关于录取短信事件,社会反响不一,有赞成有质疑。随后,南理工的官方微博又发表了"声明":(1)淘宝体短信通知,只针对部分学生,主要集中于艺术设计等专业,此举主要是为了增加对90后学生的亲和力;(2)只是通知短信采用此方式,正式邮寄的录取通知书还是正规的、严肃的、与往年一样正式的格式和样本。

虽然语言里已经有了或有过这些通用面称,但是在日常交往时,我们还是会遇到"无称而呼"的尴尬事。如在大街上,如何称呼年龄和自己差不多的女子;在学校里,学生如何称呼女老师的丈夫;去政府机关办事,如何称呼没有职位的普通办事人员等。这种尴尬局面就是称谓语的缺失问题。称谓语缺失给社交带来了一定的麻烦,应该引起重视。

首先,看看社会通用称谓语的缺位。

在社会称谓语中,通用的社会称谓语,尤其是中性的通用称谓语的缺位最为明显。一个人生活在社会大家庭中,除了亲属以外,必定要与形形色色的人打交道。熟悉的人我们可以根据对方的年龄、职业、身份来称呼他,但是陌生的人,尤其是我们第一次要去接触的陌生人,又该如何称呼?从中国近现代历史上的情况来看，人们常用的社会称谓语发生过多次改变。使用过"先生""太太""女士""小姐""同志""师傅""老师"，这些称谓都只适用于一定的范围，并没有类似英语中"Miss""Mr"这样的在交际中毫无困难的通用称谓，我们不能用一个称谓语去称呼所有的人。这就是社会通用称谓语的缺位。

其次，女性配偶称谓的缺位。

对于女性配偶称谓的缺位主要表现在有一定地位的女性配偶上，特别是从学生和徒弟的角度称呼女老师、女师傅的配偶。当我们的老师或师傅是男性的时候，我们可以称他的配偶"师母""师娘"。而现在从事教师行业的更多的是女性，若我们不知道女老师配偶的职业、身份时，就找不到合适的称呼。尤其现在在大学中有很多女老师年纪与学生相差不大。

最后是社会专用称谓语的缺位。

社会专用称谓语是指对于从事某种职业的人的一种特定的称谓。如"老师""医生""军人""司机"等等。但是不是所有的职业都可以用来称呼，有一些职业的人是没有称呼的。比如说，我们称某律师、某经理、某医生，而很少称呼某护士、某保洁、某工人、某理发员。高校中除了老师以外还有很多行政人员，他们就没有相应的称呼，如学校图书馆的管理人员、工作人员就没有相应的称呼；医院里除了医生以外的工作人员如护士没有相应的称呼。这都是我们要去思考的称谓缺位的问题。

贴近生活的问候语

生活中,我们见了熟人、邻居、同事、朋友都要打招呼,要么相互点头致意,相对一笑,要么相互问候一声,比如"你(您)吃了吗?""出去啊?""最近怎么样?"大家也顺着回答一句"吃了,你吃了吗?""是啊。""最近还行,你呢?"有人说,这些都是毫无用处的废话,可是这些不传递有用信息的一问一答,却传递了浓浓的关心、关切之意。问候语的作用是用来在人与人之间建立起一种保持接触、彼此亲近的融洽的社会关系。其作为言语活动的开端,常出于礼貌用简短的语言,或点头微笑等身势语言,表示看到了对方或希望对方注意到自己。所以见面打招呼时,我们可以相互点头示意,也可以简短询问。

在常见问候语中,过去中国人见面使用的最多的一个莫过于"你(您)吃了没?"有的时候甚至在不适当的时间、地点也有人脱口而出。比如,有时候临近午夜,遇到熟人,对方很关切地问候"吃了没?"这个时间问"吃了没",虽然明知道不是一个真的问题,却还是稍微有些不自在。更有甚者,两个人在厕所前碰面,要进去的那位问刚出来的那位"你吃了吗"。此情此景真有点尴尬,不过相信很多人都曾在厕所前被人如此问候吧。

对于中国人为什么见面就问"你吃了吗?"很多外国人觉得不理解。曾经有留学生告诉我,刚来中国的时候,见面时有朋友这样问她,她还以为是要请她吃饭,还挺高兴的,待回答了"没有",结果朋友说:"哦,这么晚还没吃,那快去吃吧,食堂要关门了。"这姑娘被急转直下的对话弄得一头雾水,都说了没有吃饭还让我赶紧去食堂吃去,不是请我吃饭,那为什么又这么问呢?

为什么中国人见面如此问候?为什么现在不少人使用"你好""最近怎

么样"，而不再使用"你吃了吗"？语言是文化的载体，我们使用这些问候语，折射出了什么样的文化内涵和心态呢？

一、见面问候"无它乎"

汉语有着悠久的历史，从古至今，汉语的问候语也不是一成不变的，不同的历史时期往往会产生不同的问候语，这与当时的社会生活有着密切的联系。那我们来看看，从古代到现代，我们曾经用过什么问候语吧。

1."无它乎"

不过有学者认为"无它乎"只是问候语的发端，还不能算真正的问候语。也有前人认为，上古时期，人们见面的问候语是"无它乎"，也就是"没有蛇吧"。"它"在图形文字和甲骨文中是一种头部呈三角形的毒蛇的形象。《说文》在释"它"时说："它，虫也，从虫而长，像冤曲垂尾形。上古草居患它，相问：'无它乎？'"①罗振玉《殷墟书契考释》在说明"蛇"与"它"的关系时曾说："卜辞中从止下它，或增从彳。其文皆曰'亡蛇'，或曰'不蛇'殆即它字。上古相问以'无它'，故卜辞中凡贞祭于先祖尚用'不它''亡它'之遗言，殆相沿以为无事故之通称矣。"②据这些说法，问候语发生的年代，当在有文字记载以前的上古，早期语表形式是"无它"。

上古时期，中国属于亚热带气候，森林覆盖面积广阔，气候温暖潮湿，草深林密，华夏先民穴居野外，常会遭受毒蛇侵袭，因此见面时便问："无它乎？"意思大概是：今天没被咬吧？"在当时的生活环境中，"它"已经成了"灾祸"的象征，"有它"就战战兢兢，"无它"就非常安心。是以，人们见面就会互相询问"无它乎"。久而久之，"无它乎"就成了人们见面时经常使用的问候语了。"无它乎"的语义也从"有没有蛇"变成了"有没有灾祸"了。

图23 《说文解字》中的"它"及其异体字"蛇"

---

① [清]段玉裁：《说文解字注》，北京：中华书局，2013年。

② 罗振玉：《殷墟书契考释三种》，北京：中华书局，2006年。转引自郭攀：《问候语说略》，载《语言文字应用》，2003年第1期。

　　郭攀(2003)认为,尽管先秦文献中缺乏作为问候语的"无它"来证明这一点,但是前人的说法还是较为可信的,并提出了两点说明。第一,甲骨卜辞中存有间接的证据。甲骨卜辞中有大量"无它"的用例,这说明在商代,"无它"不仅存在,而且使用非常普遍。另外,从性质上讲,甲骨卜辞中的"无它"应属问询语,因为商代人贞问的目的是祈求得到上天的指引,并按照呈现出的征兆处置与询问内容相关的事务。但是经分析,这些问询语又不同程度地带上了问候语的色彩。比如说,"无它"的意义不是"没有遇到蛇吧",而是"没有什么事故吧"。有时,"无它"可以和"无尤"交互使用。在商代卜辞中,"无它"兼表问询和问候,这一解释,间接地说明了上古时期"无它"作为问候语存在的可能性。

　　第二,先秦文献中未见"无它"作为问候语的用例这一现象是可以解释的。原因大概有二:其一,"无它"中"它"的意义到周秦时期已经全面称代化,已全面演化为旁称代词。其二,周秦时期,新的问候语形式"无恙"开始兴起,在功能上取代了"无它"的地位。据调查,甲骨卜辞中未见"恙"字,周秦文献中出现有"恙"及作为问候语形式的"无恙"。"无恙"在言语交际中取代了前代"无它"的地位。

　　2."无恙"

　　从周代、先秦时期,新的问候语形式"无恙"开始兴起,也写作"亡恙",意思是"没有什么不如意的事吧"。

　　那么什么是恙? 对此,古人有过一些相关的说法。《雅俗稽言》卷三十六《风俗通》里说"恙"是一种毒虫,能进入人的身体吃人心,因为居住的地方多草,所以常常被恙咬。高承《事物纪原》引《神异经》里讲,在北方大荒中,有一种兽,咬人后人就会生病,给人们带来了极大的灾祸,后来黄帝带人杀了这种兽,所以北方人得以不再受之侵袭,称作"无恙"。"恙"能使人致病丧命,给人带来灾害,所以"恙"的词义就逐渐扩大引申指"忧患、疾病、灾祸",所以"无恙"也渐渐演变成一句含义宽泛的问候语了。

　　先秦的典籍中记载了不少的"无恙"。例如:

　　　　威后问使者曰:"岁亦无恙耶? 民亦无恙耶? 王亦无恙耶?"(《战国策·齐策》)①

　　　　孝文皇帝前六年,汉遗匈奴书曰:"皇帝敬问匈奴大单于无恙。"(《史记·匈奴列传》)②

---

①〔西汉〕刘向:《战国策·齐策》,上海:上海古籍出版社,2012年。

②〔汉〕司马迁:《史记·匈奴列传》,北京:中华书局,2008年。

娘娘问道:"星主别来无恙?"宋江起身再拜道:"臣乃庶民,不敢面觑圣容。"(《水浒全传》)①

从典籍中可以看出来,"无恙"形式简单,主要询问对方的生活状况,风格比较庄重、严肃,一般是男性之间,或男之于女,女之于男的情况极少。其与现代汉语中"身体怎么样"或许一脉相承。从宋元起,一般多用"别来无恙",多是分别较长时间之后重逢,大家见面便会问候一下"啊,别来无恙吧"。现在,我们偶尔也会在书信中问候阔别已久的朋友"别来无恙吧"。

3.请安

"请安"是伴随请安礼产生的一种问候方式。请安礼是清朝时满族常用的一种礼节,在一般情况下,满族人的晚辈见到长辈,下级见到上级,奴婢见了主人及平辈之间相见,都行请安礼。行请安礼的时候,人们常常会边行礼边口称"请××安(请安)"。于是,"请安"就成了一种伴随动作的问候语。

口头请安有"请安""请××的安""请××安"等形式,比如《红楼梦》里就有不少,门下庄头管事的说"叩请爷奶奶万福金安,并公子小姐金安",贾家有后辈见了贾宝玉说"请宝叔安",还有对贾母说"请老寿星安"等等。

"'请安',一般都认为是满族特有的礼节,其实并非来源于满族。这原是明代军礼中的一项,见于《大明会典》。……到了清代,在八旗和明朝遗留下来的绿营中依然沿袭旧习。……久之,不穿甲胄时也以屈一膝为礼,并和叩首、打躬一样,含有问候请安的意思。""请安"作为礼貌用语最早出现在交际话语中也是在明代,但在那个时期使用不多,也没有发现其作为招呼语的使用例子。

4.万福

"请安"和"万福",我们见得不少,看古装剧,一定少不了这两个词。"万福"类似于"请安",最初作为祝颂语,表示"多福"的意思,如"永享万福"之类。宋代,祝颂语"万福"主要成了妇女行万福礼时所说的伴随性祝颂语,既表示祝福,又表示问候吉祥如意。例如:

那妇人叉手向前,便道:"叔叔万福。"武松施礼,倒身下拜。(《金瓶梅》第一回)②

(末云)小姐间别无恙!(旦云)先生万福!(《西厢记》第五本)③

从这些例子来看,"万福"问候的内容多是吉祥如意,因为是女性行万福

①〔明〕施耐庵、罗贯中:《水浒全传》,第四十二回,长沙:岳麓书社,2009年。
②〔明〕兰陵笑笑生:《金瓶梅词话》,第一回,北京:人民文学出版社,1985年。
③〔元〕王实甫:《西厢记》,第五本,上海:华东师范大学出版社,2006年。

礼,所以作为问候,也是女性之间,或女对男说,而且很少单独作为一种问候语,多是伴随着万福礼,因此使用范围比较窄。

5.问好

喻莲在《清代三小说礼貌用语及其与现代的比较》一文中提出:"问好是一种新兴的招呼语。"①她查阅了《红楼梦》《儒林外史》和《官场现形记》三本书,《红楼梦》中出现十余处,如:

> 刘老老迎上来笑问道:"好啊? 周嫂子。"周瑞家的认了半日,方笑道:"刘老老,你好?"(《红楼梦》第六回)②

> (宝玉)忙上前问:"张爷爷好?"(《红楼梦》第二十九回)③

> (周瑞家的见到他的女孩儿)他女孩儿说:"妈,一向身上好?"(《红楼梦》第二十七回)④

但是在《儒林外史》和《官场现形记》中没有发现这种用法,说明"问好"类招呼语当时并没有普遍使用。《儒林外史》和《官场现形记》二书的通语色彩较浓,《红楼梦》具有南京方言色彩。在《二十年目睹之怪现状》《彭公案》《施公案》等中也出现了"问好"类招呼语,这些清代小说都有我国东南部方言的色彩。喻莲由此设想"问好"类招呼语可能最早出现在我国的东南部,后来才逐渐进入通语,被广泛使用。

"请安"和"问好"类问候语一直沿用到现代汉语阶段。

"五四"以后,汉语进入了现代汉语的发展阶段,汉语的问候语也开始出现了一些新的形式和特点。而前边提到的一些古代问候语在"五四"以后仍在一些场合沿用,比如"请安"一般用于书信。《鲁迅书信集》中用到"请安"的不少,有"请冬安""请旅安""请雨安"等等。

"问××好"类也有。书面上为"问××好(问好)",口头上一般为"××好",比如见面打招呼"赵老师好""最近还好吧",有时候还会说"替我问叔叔、阿姨好""老人家可好"等等。

二、见面问候"吃了吗"

可以说,改革开放前,中国人使用频率最高最普通的问候语就是"吃了吗",这是一句最具有中国文化特征的招呼问候语。见面问"吃",可谓是源远流长。《战国策·赵策》中左师触龙见赵太后,见面后的问候语是:"日食饮

①喻莲:《清代三小说礼貌用语及其与现代的比较》,重庆:西南大学,2009年。

②〔清〕曹雪芹、高鹗:《红楼梦》,第六回,南京:译林出版社,2009年。

③〔清〕曹雪芹、高鹗:《红楼梦》,第二十九回,南京:译林出版社,2009年。

④〔清〕曹雪芹、高鹗:《红楼梦》,第二十七回,南京:译林出版社,2009年。

得无衰乎？"①触龙担心赵太后身体不舒服，是以首先询问太后每天的饮食会不会减少。现代人见面所说的"吃了没有"和触龙所说的"日食饮得无衰乎"是一脉相承的。

吃是人类生存的第一需要。《南史·郭祖深传》中说"人为国本，食为人命"②，意思是说粮食之于人、人之于国乃同样重要，所以"欲立其国，先保其民，立保其民，则先给其粮食"。《杂说》云："五谷者万民之命，国之重宝。"③《汉书·郦食其传》中说："王者以民为天，而民以食为天。"④班固一句简单的话点出了人们最基本的生活要求，可见"吃"实在是头等大事。

近日看了一则小笑话，有个老外来中国留学，多年以后他对中国友人说："我终于明白了，中国文化其实就是吃的文化。比如：谋生叫糊口，岗位叫饭碗，受雇叫混饭，花积蓄叫吃老本，混得好叫吃得开，占女人便宜叫吃豆腐，女人漂亮叫秀色可餐，女人多了叫吃不消，男女嫉妒叫吃醋，男人被女人养叫吃软饭，受人欢迎叫吃香，受到照顾叫吃小灶，不顾他人叫吃独食，受人伤害叫吃亏，犹豫不决叫吃不准，负不起责任叫吃不了兜着走，办事不力叫吃干饭，办事效果事与愿违叫吃错药。"中国友人听后反问他："你来中国应该好好学习中国文化的博大精深，你却总结出吃来，是不是吃多了？"虽是一则笑话，却忠实地反映了"吃"在中国文化中的重要地位。

图24　现当代画家文侠《民以食为天》

方言里关于吃的俗语也趣味性十足。武汉方言里，上当受骗被称作"吃弹子"，光吃饭不吃菜或光吃菜不吃饭叫"吃白扣"。西宁方言中，"吃羊头"是骗人或受骗的意思。银川方言中把大人见了可爱的孩子亲一亲叫"吃包包"，而"吃人贼"的意思是指利用各种手段敲诈勒索、贪污受贿的家伙。四

①〔西汉〕刘向：《战国策·赵策》，上海：上海古籍出版社，2012年。

②〔唐〕李延寿：《南史·郭祖深传》，北京：中华书局，2003年。

③〔北魏〕贾思勰：《齐民要术·杂说》，上海：商务印书馆出版，1930年。

④〔汉〕班固：《汉书·郦食其传》，北京：中华书局，2012年。

川人把占便宜叫"吃福息"。湖南方言中，小偷趁秩序混乱偷东西是"吃斗水"，而"吃茶饭"则比喻常年的生活费用。上海的吴侬软语里，"吃梢包"的意思是代人买东西因对方不中意只好自己留下。

俗语中，"吃"也占了一席之地。形容胆子大是"吃了豹子胆"，形容管得宽是"吃河水长大"，说一个人肚子里有学问、优点不外露是"吃了磨刀水——内秀"，讽刺人不知天高地厚叫"忘了自己吃几碗干饭"，被人拒之门外叫"吃闭门羹"等等。

不但活着的人吃，死去的人也吃。比如，西方人带给死者的是鲜花，中国人献给亡灵的是丰盛的应时食品。就连对那些"不食人间烟火"的各路神仙，中国人逢年过节时也总忘不了在供案上摆上酒肉食品。

除此以外，动物也吃：

猪八戒吃人参果——全不知滋味：比喻不知道东西的价值。

癞蛤蟆想吃天鹅肉——喻实现不了的妄想。

王八吃秤砣——铁了心。

"吃"为人生第一等重要的事，在我国的节日里，也得到了充分的证明。细细算来，我们民族文化和传统节日中，"食"一直是主导。正月初一吃饺子，正月十五吃元宵，五月端午吃粽子，八月十五吃月饼，九月重阳吃黄米糕，腊月初八吃腊八粥，几乎全成了吃的节日。特别是过年，这是一个十分讲究吃的节日，俗语说："有钱没钱，吃喝过年。"可见，"吃"在中国人心理上的地位实在太重要了。所以夏丏尊先生说："中国人是全世界善吃的民族。"其《谈吃》一文开篇第一句就和"吃"有关："说起新年的行事，第一件在我脑中浮起的是吃。……因为过年的时候，有种种乐趣，第一是吃的东西多。"[1]

总之，"吃"无处不在，能吃的吃，不能吃的也吃。正如俗语所言，只有"两脚的爷娘不吃，四脚的眠床不吃"。

能吃的食物，与吃有关的器物，烹调方法和材料等也常常用来比喻事物，说明道理。"吃"的功用不可谓不大。小到家常俗语，如"吃人家嘴软""心急吃不了热豆腐""撑死胆大的，饿死胆小的""上楼吃甘蔗，节节高，步步甜"。大到以烹饪比喻治国，如《古文尚书·说命》中说"若作和羹，尔惟盐梅"[2]，意思是要做好羹汤，关键是调和好咸(盐)酸(梅)二味，以此比喻治国。老子的"治大国若烹小鲜"，把"调和鼎鼐"与"安邦治国"相提并论。晏

---

①夏丏尊：《夏丏尊精品集》，北京：世界图书出版公司，2010年。

②慕平译注：《尚书·说命》，北京：中华书局，2009年。

婴的"所谓和者,君甘则臣酸,君淡则臣咸"①,以调味之道,解开君臣"和""同"之异,遂使齐国称雄等等。这些都让人感到"吃"的势力是如何伸向国家的四面八方的。

何以"吃"的势力如此之大?有人推测,这是因为在中国历史上,吃饭问题一直是困扰人们生存的一个最为突出的问题。中国是一个传统的农业国家,在远古时代,生产技术落后,水旱虫雹常常造成食物紧缺。为了延续个体生命,先得解决吃饭问题。

撇开中国古代历史上的粮食缺乏问题不提,就是新中国成立后的几十年里,温饱问题也并没有完全解决。从新中国成立后的百废待兴,到三年困难时期、"文化大革命",到20世纪70年代"四害"猖獗,中国经济落后,政治斗争复杂,整体生活环境不宽松,思想被禁锢,言语不自由,生活内容单一,这种情况下保证温饱是人们最大的愿望。有没有吃的,能不能吃,够不够吃,是人们最关注的问题。所以一句"吃了吗"显得随意、得体,又不乏亲切、温情。随着改革开放,中国告别了经济短缺,各种粮食、食品、副食品应有尽有,琳琅满目,买什么有什么,人们不用再为吃发愁了,这句问候语的使用频率就越来越低了。

20世纪80年代后,改革大潮冲击到社会的各个角落,新时期社会生活日新月异,问候语也随之发生了明显的变化,问候的内容丰富了,形式也多样化了。改革开放后,商业大潮迎面而来,重农轻商的传统思想观念在改革的洪流中迅速土崩瓦解,人们对"经商"的认识发生了根本改变,不再以经商为耻,"谁发家,谁英雄"的观念深入人心,人人争做商海弄潮儿,搞企业、办公司、做买卖,纷纷投入到商业大潮中。这一时期的问候语带有明显的时代特征,大家见面常常互相问候"下海了?""现在在哪儿发财呀?""最近生意不错吧!"

随着生活水平的大幅度提高,人们重新审视生活、审视自我,更加注重自我价值、对自我价值的认可和生活质量,这些都在简短的问候当中得到了全方位的反映:"涨工资了吧?""单位效益可以吧?""今年职称解决了吧?""假期去哪玩儿啊?""周末没出去啊?"

人们见面一句简单的问候,有时并不是真正要得到答案,只是一个招呼、一个问候、一个话题而已,但是我们可以从问候语内容的变化看到人们思想意识的变迁。今天,时间节奏空前加快,人们行色匆匆,见面时没有多的时间寒暄、对话,大家见面后一句简短的问候就各忙各的了。或许,我们也会向西方人那样打招呼,清晨见面道一声"早安",晚间见面道一声"晚

①〔明〕徐元太:《喻林》,上海:上海辞书出版社,1991年。

安",餐桌上道声"吃好",临睡前说一声"晚安,睡个好觉"。

三、问候语源流小探

每种语言的问候语都有其固定的表达形式和习惯用法,汉语中的问候语也是如此。除了占据重要地位的"吃了吗",随着时代和社会的变化,汉语里还有其他常见的问候语。

现在,中国最通行的社交问候用语是"你(您)好",这种问候语最早出现在改革开放初期。有人认为"你(您)好"跟英语的常用问候语"Hello"有关。也许是这样,不过很难断定。改革开放后,有段时间,不少城市都发起过"文明礼貌月"活动,提倡说"请""对不起""谢谢"这样的礼貌用语,"你好"借着这股东风也就推广开来了。打电话时也常常以"你好,请问是某某吗"开始。"你好"可以在社交场合各种关系的人之间使用,但是在家庭成员或是关系非常亲近的亲友间一般不使用这样的问候语。我们对年长者和上级要说"您好"。

像"你(您)好"这种问候语形式通常非常简短精练,问候的双方使用同一句话就可以把自己的问候传达给对方。不过这样的形式常常是在问候双方熟悉程度不高,或者较为匆忙的场合和情境下使用的问候方式。我们生活中常常使用以下这些问候语:

(1)A:你好!

B:你好!

(2)A:好久不见!

B:好久不见!

(3)A:新年好!

B:新年好!

(4)A:嗨!

B:嗨!

汉语中还有一种问候打招呼的方式,就是依据当时所在的语境,在生活、学习、工作、健康、家庭等各方面的情况中,选择合适的问题询问,以表示对对方的关心。比如:"你出去啊?""吃了吗?"这类的问候语交际历史比较长,生活内容占很大比重,而且问得都比较具体。甚至问得越具体,越能显示出对对方的关心,越能显示出双方的熟悉程度。例如:

(1)A:吃了吗?

B:吃了。你呢?

(2)A:出去啊?

B：是啊，出去有点事。

（3）A：去哪儿啊？

　　B：去吃饭呢。

（4）A：在洗衣服啊？

　　B：是啊。

　　语言是生活的镜子，我们为什么使用这样的问候语，这与中国的历史和文化传统是分不开的。中国人一向有着关心、互助的传统，要"老吾老以及人之老，幼吾幼以及人之幼"，对待陌生人，我们也会称呼其"大爷""大叔""大哥大姐"。用亲属间的称谓来称呼陌生人，这表示我们最初是怀着像对待自己亲人一样去对待每一个人的美好愿望的。所以，我们会在见面打招呼的时候，习惯询问在西方人眼里涉及私人的话题来表达自己的关心，比如问健康、问在做什么、去什么地方、家里的情况等问题。

　　关于这一点，很多西方人很难理解，他们会觉得很多问题是我个人的隐私或私事，比如：

　　去哪儿啊？

　　昨晚去哪儿啦？

　　大清早去哪儿啊？

　　吃了吗？

　　这么早就起来啦？

　　最近忙什么呢？

　　脸色不太好啊，生病了吗？

　　我的外国学生曾经告诉我，中国人见面常常问一些让她不知所措的问题。第一，中国人为什么问"你去哪儿"？我去哪儿是我个人的事，你为什么要知道？第二，中国人常常问"你吃了吗"，既然不请我吃饭，为什么总是问这个问题啊。第三，中国人常常明知故问，他明明看见我在洗衣服还要问"你在洗衣服啊"，看见我在看书，却还要问"你在看书啊"。从学生的抱怨可以看出中西文化的差异，也知道学生把这些当成了真正的问题，而不知道其实问话的人并不是非常在意回答的内容，问话人只是通过询问—回答的方式来表示自己的关切之情。所以有人问"出去啊"，回答可以很简单，只需要回答"是啊"或者"嗯，出去"就可以了。

　　而且我们会根据问候双方熟悉程度和关系密切程度来选择使用什么问候语。比如：很熟悉的朋友，可以问"去哪儿"；而关系并不十分密切的问候双方打招呼，则更多地会选择"出去啊"这样的问候方式，回应者只需要用

"是"或"不是"来回应,这就避免了由于不方便回答而产生的交际上的尴尬。

还有一种以调侃的方式来表示的问候,这种问候常常是在关系好、比较熟悉的人之间选用的问候语方式,常常采用一些违礼式的幽默,违反常礼的方式。例如:

> 最近在哪儿发财呢?
>
> 哟,哪阵风把你吹来了?
>
> 这段时间死哪儿去了!
>
> 你这家伙怎么还没死啊!

问候的双方通过这种开玩笑的方式,表现出区别于他人的亲密无间。但是这类问候语的选用要视场合和对象而选用,一般只能用于关系非常好的朋友之间,在比较随便的场合问候。

还有的时候,我们可以使用"姓名+你好/好""职业+你/您好"或者"职务+你/您好"进行问候。

我们遇到地位相当或者比较熟悉的人,可以直接用姓名称呼对方,或在姓或名的前面加上某些词缀,如"老王""小王"等等,其对应的问候语形式就是"姓名+你好",或者"嗨+姓名",甚至直接用姓名作为问候语。例如:

> 老王,你好啊!
>
> 嗨!李明!
>
> 李明你好!
>
> 你好李明!
>
> 李明!

有的时候,我们可以依托对方的身份、职业来问候,使用"姓+职业+好/你(您)好"或"姓+职业"。如:

> 李老师你好!
>
> 张医生您好!
>
> 张律师您好!
>
> 李老师!

但是这里,关于职业常常是有所取舍的,称职业的主要有老师、医生、律师等受到社会普遍尊敬的职业。

称职务的主要是市长、书记、经理、院长等身份地位比较高的人,由于身份和地位本身就代表了一种权位和尊重,所以人们常常选用直接称呼职位或加上"您好"等来作为问候的方式,以表示尊敬和恭维。如:

> 张省长您好!

王市长好!

王经理早!

中国人常常使用诸如"大爷""大娘""大叔""阿姨""大哥大姐"这样的亲属称谓加上"你好"或"好"的形式进行问候。这些亲属称谓不仅可以用来称呼亲属,还常常被用来称呼非亲属关系的外人,这些外人可能是熟悉的邻居、朋友,也有可能是初次见面的陌生人。例如:

阿姨好!

张爷爷好!

大叔您好!

大叔!

对外人使用"亲属称谓+好"或单用亲属称谓这种方式来问候,可以显示出对对方的尊敬、友好和亲热,使对方感受到礼遇和尊重,能拉近双方的心理距离。

四、问候语流行要素

语言是人类最重要的交际工具,人们在社会生活中要选择合适的语言进行交际,而语言也就从不同侧面反映了人们的生活。汉语中的问候语并不仅仅是一种简单的问候,还反映出独特的中国传统文化和中国社会的一些特点,比如问候双方的社会地位、关系和感情以及情景语境,甚至文化习惯等方面的社会因素等等。只有注意到这些因素,我们才能选择到最合适、最恰当的那句问候语。

首先是交际场景。人们交往时所处的交际场景即情景语境往往是不同的,不管是正式的场合、较为随便的场合、严肃的或轻松的场合,还是生活中的一个具体场景,都有自己的特点和交际要求。我们所使用的问候语往往要受到一定时间、环境、场所、氛围和对象的限制,这也是语言的共性特质所在。比如,在一些正式场合,有时候初次见面辈分相当的人可以使用传统的客套"久仰,久仰",回答时使用"哪里!哪里!""哪里"大概是"哪里的话"的简略,是"从何说起"的意思,表示不敢当,是谦逊的答词。如果是早、中、晚做饭或吃饭的时间,人们见面会说:"做饭了吗?""吃饭了吗?"这也是为什么前边提到有人在深夜相遇时、在洗手间或其他一些不雅的场合使用"吃了吗"打招呼,让人觉得很尴尬的原因。如果是上下班时间,人们相遇时又会说:"上班去啊!""下班了!""回来了!"如果在农村,春耕或秋收的季节,人们相遇时话题又常常是:"麦子收完了没?""小麦都种上了吧?"不过这也反映了汉语问候语的灵活性,它不是一成不变的,而是在相对宽阔的大时空框架

限定之下随机应变。问候语的内容是说话人依据对他人行为举止及其情境场合进行观察之后，依据不同的时间、空间和情境、对象说出的。比如看到同学在洗衣服，我们会说："洗衣服呢？"遇到邻居买菜，会说："买菜啊？"遇到一位脸色不太好、像生病了的熟人，则会说："你脸色不太好，生病了吗？"所以汉语究竟有多少相关内容的问候语，我们无法做出准确的统计，但是可以说，现实生活有多丰富，中国特色的问候语就有多丰富。

其次，亲疏程度的不同。可以说，问候语的使用体现出了社会交际的作用，有助于人与人之间感情的维系和话题的展开。因此，感情关系不同的人，选择使用的问候语也往往不同。那我们来看看问候语所体现出的人与人之间的关系远近与感情深浅。比如，下属和上级碰面的时候，多会使用如"张处长您好""刘经理你好""王部长好"问候；由于双方是上下级关系，用头衔、职务和职位称呼对方显得很尊敬和庄重，但也意味着相互之间的关系比较疏远。如果是遇到亲友邻里等，多用亲属称谓招呼长辈，比如"欧阳叔叔""小马阿姨"等，就带有关切、亲近随意的味道，不仅不显得生疏，反而拉近了问候双方之间的距离，联系了彼此之间的感情。同事之间则以"老王来了""小李出去啊"表示平等、亲切的关系。另一方面，根据中国人的习惯，越是亲密越可以不拘礼节，越是亲密，问候得越具体越不用考虑到私密性，越发可以用"去哪儿啊""出去吗"这样涉及个人隐私的问候形式。而现在用的比较多的"你好"或"您好"，可以说这句问候语某种程度上体现了问候双方感情上的某种疏远和距离，大家见面不必多寒暄，微笑、点头，说句"你好"，擦肩而过。

从"你吃了吗"或"到哪儿去"等涉及生活细节内容的话，到省事得体的"你好"，变化不小。何以会发生这样的变化呢？

首先要考虑到社会的现代化问题。中国传统上是农业社会，人际关系是建立在亲缘或拟亲缘关系之上的。人们比邻而居，相互关心，见面时问候一声"你吃了吗""在洗衣服啊"，让人觉得非常亲切自然。如今在农村或城里的农贸市场，还经常能听到一个人大老远地和另一个人打招呼："喂！你吃了吗？"看看表，已经快上午十点了。在这样的场合和对象之间，问一声"你吃了吗"，让人觉得非常亲切、愉悦。吃饭时间给亲朋好友打电话，先问一声"你吃了吗"也是非常能表达情感的。随着工业化而来的都市化使得人们的居住环境、生活方式和观念都发生了较大变化。在关于中国人个性变化的调查研究中，有这样一些结论：现代化与民主态度呈正相关，与对自主性、爱情的需要呈正相关，与感情疏远呈正相关。现代中国社会人际关系的观念正由"天下一家"向"个性独立"发展,人与人之间友好礼貌但不亲密;另外现代人生活节奏加快,平日里行色匆匆,熟人见面也无暇问及生活琐事,微笑着点个头,互道一声"您好",省事又得体。

近代中国文化与西方文化相接触,经过百余年的演变,也在不知不觉中接受西方价值观的渗透。体现在礼仪用语上就是很多传统的礼仪用语在遭到质疑和否定,如体现中国人传统谦虚美德的自谦辞被视为不自信甚至虚伪的表现。现在越来越多的中国人在被称赞时选择说"谢谢"来代替以前可能会说的"哪里,哪里"或"您过奖了"等等;见面也不说"吃了吗""到哪儿去"之类家长里短的问候语了,因为在与西方人交往的过程中,西方人注重隐私的观念逐渐渗透到我们的文化中。久而久之,我们不仅不问外国人"你吃了吗",连自己人也不问了。西方人见面多问"你好",中国人也觉得"你好"不涉及那么多生活细节,作为问候语更合适。

再次,社会关系和地位,也影响了我们对问候语的选择。人们在社会中所处的不同的职位和社会地位对人与人之间的社会关系有着很大的影响,这在问候语中也有所体现。小辈遇到长辈的时候,不仅要先打招呼问候,而且要根据辈分关系以称谓的形式来进行问候,如"叔叔出去啊""外婆好",而长辈则可以只回答"是啊""好"简单回应。当普通人在和教师、医生这样较为受人尊敬的职业中的人士互相问候时,也需要主动唤其称谓如"李老师""张医生"等等以示问候,否则也会显得不够尊敬,对方一般也只用回复"你好"即可。同样,在社会关系中处于低位或职位较低的人们,也必须注意其对地位、职位较高的人使用的问候语,直接问候"你好"肯定是不合适的,所以一般以头衔称谓加上"好""早"之类的问候词来代替通常的问候语以示尊敬,如下级遇到上级时的问候"王总""李校长早"等。

总而言之,国人在交际时,把交际对象定位得离交际主体越近,那么就越接近亲属关系的位置,在选择问候语时,选用的词语也越能表示亲近,也就越给对方面子,这也是亲属称谓类问候语颇受国人欢迎的原因。而在另一方面,按照社会关系准则,把对象在社会关系坐标上的位置定位得越高,所给的面子就越大,表现在语言的实际使用中,就是选择抬举对方地位的词语,抬得越高,越显得尊敬礼貌。这也是中国人常常选择头衔职务称谓类问候语的原因,其目的就在于抬高对方的地位。总的来说,中国人的问候语文化中,人们常常并不会在意你回答什么,或是真的想打听到什么,而只是表示一种热情和关心,或者起到延续话题的作用;并且这种关心是期望通过问候语的形式在对话的一开始就传达给对方的。

婉曲含蓄的委婉语

我国是一个历史悠久的文明古国,向来以"礼仪之邦"著称,崇尚语言优美文雅,一向是中华民族的美德。《礼记·祭仪》中道:"恶言不出于口,忿言不反于身。"①意思是,我们尊重别人,不恶语伤人,别人也不会用不友好的语言对待我们。《荀子·非相》还言:"故赠人以言,重于金石珠玉;劝人以言,美于黼黻文章"。②就是说,用好话赠人,比金石珠玉还贵重;拿好话勉励人,比让他看礼服上绣的漂亮花纹还要美好。古人对言语交际中语言得体的重视,由此可见一斑。比如古汉语中因为求雅而用的委婉语就有很多,有疾说成"采薪之忧"或"担樵之余劳";年幼不懂事说成"富于春秋";丧妻说成"失俪";寡妇叫"未亡人";没钱叫"囊中羞涩"。

在日常生活中,委婉语的使用也比比皆是。与人说话,有的时候我们要开门见山,直言不讳,有的时候却需要委婉含蓄才能让交流顺畅地进行下去。因为我们可能会遇到不宜直接表述的话语,这时候就需要换一种说法,委婉含蓄地表达出来,才既能让人明白,又不至于刺伤对方,引起对方的反感。看看下面几例:

(1)某旅馆墙上的告示:"各位贵客注意:请勿展歌喉,我们的墙壁不如你所想象的那样厚。"

(2)草坪旁的告示:"小草微微笑,请您旁边绕。"

(3)有一则笑话:一个武将在交战中眼看要被打死,忽然天降神兵助阵,武将转危为安,于是向神兵叩谢:"请问您是哪位尊神?"神道:"我是靶神。""我有何功德,敢烦您助战?""昔日练武场上,你从没有一箭伤害过我。"

---

① 叶绍钧注:《礼记·祭仪》,上海:商务印书馆出版,1930年。

② 〔战国〕荀况:《荀子·非相》,上海:上海古籍出版社,2014年。

以上三例都说得比较委婉，第一例说墙壁不太厚，以此告诉大家要控制下音量，不要太大声，以免打扰别人；第二例把小草拟人化了，羞答答的小草，你怎么忍心踩上去呢，勾起人们的同情爱护之心；第三例本意是要说"平时不练武，战时吃败仗"，这里没有直言，而是委婉曲折地加以讽刺，增加了话语的幽默感和情趣性。

图25　草坪旁的告示

　　关于委婉语，陈原先生在《社会语言学》①一书里指出：当人们不愿意说出忌讳的名物或动作，而又不得不指明这种名物或动作时，人们就不得不用动听的语词来暗示人们不愿听的话，或用隐喻暗示人家不愿说出的东西，用曲折的表达来提示双方都知道但不愿点破的事物。所有这些动听的、代用的或暗示的语词就是委婉语。委婉语一般都是意在言外，语意含蓄隽永，耐人寻味。我们选择使用委婉语有时候是为了避免刺激对方而闪烁其词，有时是为了避免直言招致麻烦而转弯抹角，有时是为了避免言语粗俗而另言相代。总的来说，就是为了让交际在和谐、宽松的气氛中进行，以求达到充分交流思想的目的。可以说，委婉语就像是语言中的润滑油，在我们用语言交际时，担负着"润滑"的作用，淡化或消除某些禁忌词、语给人带来的不悦和反感，建立良好的人际关系，从而达到自己的交际目的。

　　究其产生，委婉语与避讳文化有密切的关系。委婉语词起源于人们的避讳心理，是对避讳词语的一种替换。当人们对一些自然现象和自然力的本质还不太了解时，为了自身的生命不受危害，财产不受损害，或某些社会行为不受干扰，他们盲目敬畏自然界的一些事物或现象，规定了种种禁忌。

————————————
　　①陈原：《社会语言学》，上海：学林出版社，1983年。

有的事物的名称被列入禁忌，那就需要用另一个词语来代替它。

生活中往往有一些事情被认为是不吉利的，人们往往会选择使用委婉的方式来表述。比如我国明代学者陆容在他的《菽园杂记》中写道："民间俗讳，各处有之，而吴中为甚。如舟行讳翻，以箸为快儿，幡布为抹布；讳离散，以梨为圆果，伞为竖笠；讳狼藉，以榔槌为兴哥；讳恼燥，以谢灶为欢喜。"①从这段话可知，委婉语各处皆有，只是程度不同，而且委婉语产生于"俗讳"，与人们的社会生活与社会心理有着密切关系。

粗俗的话题、能引起人们悲伤的话题以及有损自己面子或对方面子的话题也都是禁忌，这也是言语交际中产生委婉语的源头。下面我从避俗求雅、扬长避短和求吉避凶三个方面来探讨一下现代汉语中使用的委婉语。

一、避俗求雅的委婉语

在人们的交谈中，不可避免地会提及一些使人不愉快或尴尬的事物，像排泄、体形、外表、不太体面的职业、犯法行为等等，如果直言这些事则显得粗俗无礼，让人不舒服，所以多用委婉语代替。

中国有句古话："三百六十行，行行出状元。"虽然职业无贵贱之分，但社会上有些职业却被认为是不太体面的。为了表示尊重从事这些职业的人，提高他们的社会地位，人们常使用一些扬升的委婉语，将一些职业加上优雅、技术性强的词语。"天地君亲师"构成中国传统文化的尊崇地位，也反映出中国人对"师"具有特别崇敬的文化心理。所以"师"的使用广泛起来，如把餐馆大师傅称为"美食烹调师"，把调酒员称为"调酒师"，剃头匠称为"美容美发师"，裁缝称为"服装裁剪设计师"，甚至把住宅装修工称为"家居装潢设计师"等等。英语中的"cook（厨子）"变成了"chef（首脑、长官）"，这是从法语"chef de cuisine（厨房的长官）"借来的。汉语的厨子则婉称"大厨""大师傅""司务长"。英语中，把女仆叫"家务助手"，屠夫叫"肉类技术专家"，垃圾收集工叫"环境卫生工程师"。汉语中也有很多类似的职业委婉语，比如"茶博士"是指茶馆招待员；"阿姨""家政服务员"是指到别人家做工的保姆和女佣；垃圾工很容易让人联想到不干净的东西，因而被"清洁工人""环卫工人"所代替；跟班、跑堂、听差、店小二被称为"服务员"，伙计被称为"服务员"；捐客被称为"经纪人"；"保安"替代了门卫、保镖。这些扬升职业的委婉语能给人以愉快的感觉，使人感到受到了尊重。

汉文化中一向鄙视卖淫，娼妓的地位低下，为人们所不齿。所以，在提

---

　　①〔明〕陆容：《菽园杂记》，北京：中华书局，2007年。

到这方面时，人们大多做一些美化来掩饰和遮盖。在古代，提及妓女时往往用"粉头""风尘女子"等来代替。关于嫖娼这种不道德的行为也常美化为"拈花惹草""追欢卖笑"等。近些年来，汉语中也出现了一些与之相关的委婉语，如"歌厅""酒吧""发廊"以及"小姐""陪酒女""按摩女郎"等。和西方国家不同，我国法律严禁卖淫、嫖娼等活动，因此，这些活动总是以某一行业做掩护，带有很大的隐蔽性和欺骗性，以逃避法律的制裁。

对不道德的违法行为，人们有时候也会用委婉语。《红楼梦》第九十四回中王夫人说道："你也听见了么，这可不是奇事吗？刚才眼错不见就丢了，再找不着。你去想想，打从老太太那边丫头起至你们平儿，谁的手不稳，谁的心促狭。我要回了老太太，认真的查出来才好。不然是断了宝玉的命根子了。"[1]这里"手不稳"指的是偷东西，王夫人身份尊贵，如果直接提及"偷"未免有失身份，所以用"手不稳"代替。

饮食要求干净清洁，所以一般表示不洁或不雅事物的词，一旦与饮食发生关系，常常要避讳，而换用其他的词。比如，在电影《失恋三十三天》中，王小仙和魏姓顾客约会吃饭时，就遇到来了这样的菜，王小仙很少去高档饭店吃饭，所以对餐单上的菜不甚熟悉，看到"炒白子"，觉得是一道不错的菜，结果吃完以后才知道这道菜其实是河豚的精子，狂吐不已。与此类似的"蛋"，本意是禽类的卵，后用来指代人的睾丸，在北京话中有"软蛋""糟蛋""笨蛋"等词，故北京话中称鸡蛋为"白果"，鸭蛋为"鸭子"，荷包蛋为"卧果儿"，喜蛋为"喜果儿"；王八因有指戴了绿帽子的丈夫，所以在饮食词语中，北京话常以"爪儿鱼"代之；鸡爪听起来不够文雅，便以"凤爪"代之。

有些事物在提及时会让谈话双方感到尴尬，引起不好的情绪反应。比如有关人体排泄等一些生理现象常被看作是污秽和肮脏的，总是不直接说出来，以免引起不悦的联想。从元代起，科举考场中设有"出恭""入敬"牌，以防士子擅离座位。士子如厕须先领此牌。因俗称如厕为出恭。并谓大便为出大恭，小便为出小恭。在如今我们的日常生活中，常用"方便一下""出去会儿""去洗手""去一号"等说法代替大小便。甚至连厕所本身也使用委婉语，如用"卫生间""化妆间""洗手间""WC"等词来代替。

图26　卫生间标识

---

①〔清〕曹雪芹、高鹗：《红楼梦》第九十四回，南京：译林出版社，2009年。

除此之外,性行为以及女子怀孕生产等也常被认为难登大雅之堂,只好使用委婉表达法,比如把怀孕说成"有了""有喜""有身子""重身子""揣""显怀""大肚子""身子不方便"等等,把流产、小产称为"小月子""小喜","红杏出墙"表示女子有婚外情,"花心"指男人对爱情不专一,把婚姻称为"个人问题","离婚家庭"称为"单亲家庭","来月经"称为"好事来了""好朋友来了""亲戚来了""大姨妈来了"等等。

二、避短扬长的委婉语

表示生理、心理缺陷及其他缺点、弱点和带有歧视性质的词语都是当事人所不愿意听到的,出于礼貌和同情,人们往往避讳这部分而用委婉语来表达。

《陈情表》中有"行年四岁,舅夺母志"①。这里李密把母亲改嫁委婉地表达为"舅夺母志",是因为在封建社会中,妇女改嫁是失贞洁、不体面的事,这样说是为了替母亲改嫁遮掩。

爱美之心人皆有之,所以长相不好我们说"相貌平平""其貌不扬",而忌说"丑"。耳聋、瘸腿都是生理性缺陷,出于礼貌、尊重的考虑,我们常以婉辞"耳朵背""腿脚不便""腿脚不好"委婉替代,用"精神病人"代替疯子。"胖"是个让人不太愉快的词,尤其对女性,更是讳之甚深,汉语中便用"发福了""富态"避讳。比如《红楼梦》第九十五回中有段关于元春体型的描写:"且说元春自选了凤藻宫后,圣眷隆重,身体发福,未免举动费力。"②这里用"发福"代替胖了,体现了元春尊贵的身份,如果直接用胖,有冒犯之嫌。

在一些电影或电视剧中,主要演员被称为"领衔主演",配角是主演,一些只有几个镜头的演员是友情客串或友情出演。学校中的教师也常用委婉语,使用一些学生心理上能够承受的词语。比如说小孩子笨、懒等,不说"你太笨了",而说"你的反应有点慢",不说"他太懒了",而说"他应该更勤快一些"。一些服务行业也尽量用一些动听的词来取悦顾客,于是飞机的一等舱变为豪华舱,二等舱为公务舱,三等舱为经济舱,旅馆的三等房间为标准房间。

委婉语在生活中俯拾即是。穷国被称为"发展中国家"或"不发达国家",假首饰被称为"仿真首饰",小偷、扒手被称为"三只手",第二次被管教被称为"二进宫",嫉妒凶悍的妇女被称为"河东狮子"。再如,表示一个人没见过大世面用"刘姥姥进大观园"或"陈奂生进城",如果直接说某个人很土,

①〔唐〕房玄龄等:《晋书·李密传》,北京:中华书局,2008年。

②〔清〕曹雪芹、高鹗:《红楼梦》,第九十五回,南京:译林出版社,2009年。

没见过世面,可能不太好,改用上面两个句子,语气委婉,又恰如其分地表达了意思。经济出现的不景气现象,称之为"负增长",是处于"滑坡""低谷"的状态,通货膨胀是"失控",市场萧条是"市场不景气""市场疲软",经济领域的政府行为是"宏观调控"。

图27　经济不景气被称为"负增长"

关于"贫穷"的委婉语,汉语里也有一些。在新中国成立以后,在很长一段时间内,人们的思想意识里贫穷是革命、光荣的象征,说某人很穷,说明其根正苗红。而现在,则有此人没本事、没能力的意思,所以一般我们说"他家生活困难"。"囊中羞涩"指经济拮据,"手头儿不方便"指没有富余的钱,"灰色收入"指通过非法手段获得的秘密收入。

在现代汉语中,有关失业的委婉语大多是由官方文件和新闻媒体率先采用而流行起来的,如20世纪70年代出现的"待业""待业青年",改革开放以来出现的"下岗""下岗职工",以及最近出现的"弱势群体"等等。虽然都是指"失业者",但用不同的表达方式巧妙地反映出社会经济体制和人们的价值转变。

三、避凶求吉的委婉语

生活中,衰老、疾病、死亡不可避免,灾祸、厄运、不祥无法预测,人们往往对之怀有畏惧和憎恶的心理,不喜欢或不直接使用这些词汇,在不得不用时,就采用某种形式来淡化或避开原词的"凶"意。

从古至今,死都是一个不吉利的字眼,人人都畏惧"死",不愿提及"死"或与之相关的词。在古代汉语中有很多这样的委婉词,如"卒""崩""薨"等,但古汉语中有关死亡的委婉语带有很强的阶级性。《礼记·曲礼(下)》里记载:"天子死曰崩,诸侯曰薨,大夫曰卒,士曰不禄,庶人曰死。"[①]等级界限一目了然。

直接说"死",听起来比较刺耳,因此它有很多同义词。现代汉语口语中就有"过去了""离开了""没了""不在了""去世了""走了""去见马克思了"等;书面语则有"逝世""病故""牺牲""与世长辞""永别了""作古了"等词来代替,这也表示了死亡的多种方式。

与死紧密相连的丧葬也是人们避讳的。以《红楼梦》为例:"明儿又要送南安府里的礼,又要预备娘娘的重阳节礼,还有几家红白大礼,至少还得三二千两银子用,一时难去借。"[②](第七十二回)"红白大礼"中的"白"指丧事,办丧事穿的孝服为白色,所以借"白"代指丧事。

还有一些行业因为怕因为说了凶词,就会带来凶兆,所以很多行业有自己的忌讳词。比如做生意的最怕"蚀本",因此忌说"蚀"及"舌";桑蚕业最怕"蚕瘟",因此忌讳说"瘟""温"等字,把温度表称作"寒暑表";戏班子忌讳说"散",甚至忌讳与"散"同音的字,因此把"雨伞"称为"雨盖""雨挡""雨拦"等;船家忌讳"沉""翻""住",因此在船上,姓陈的要说姓"耳东","盛饭"要说"装饭""添饭","帆布"要说"抹布","帆船"要说"篷船","箸"改称"筷子"。

四、委婉语的效用例说

委婉语在我们的生活中使用极其广泛,很多情况下,使用委婉语可以缓和语气或使语言轻松、幽默。它有时体现的是一种智慧,一种从新的角度去判断和看待问题的智慧。合理运用这种智慧有时会给我们带来意想不到的效果,让我们避开一些矛盾纷争。

一次,北京市公共汽车售票员李素丽对一位乘车未买票就要下车的小伙子说:"你可能一时找不到票了,要不今天再买一张,等找到了,下次在我这儿就不用再买了。"小伙子不好意思地承认没买票,并拿出两元钱认罚。李素丽又说:"按规定下车逃票才罚款,您及时补票就行了,下次乘车主动点就不会耽误您的时间了。"面对逃票的人,李素丽没有训斥,得理不饶人,而是婉言提醒,宽容对方,诚心诚意地劝导对方,让其心服口服,同时也完成了

---

①叶绍钧注:《礼记·曲礼》,上海:商务印书馆出版,1930年。

②〔清〕曹雪芹、高鹗:《红楼梦》,第七十二回,南京:译林出版社,2009年。

自己的工作,而没有发生冲突。

　　有的人一贯表现很好、成绩卓著,但偶尔工作上出现了过失,这个时候,领导会怎么做呢? 美国著名企业家洛克菲勒的公司职员爱德华·贝佛因某事处理不当使公司损失了几十万美元。贝佛是公司里业绩突出的人,这次他工作失误,内心也很惭愧。洛克菲勒考虑到他以前的作为和今后的发展,虽然内心不快,但还是心平气和地对他说:"棒极了,你幸亏保全了资金的60%,我们没法每次都这么幸运。"洛克菲勒的话表面上肯定了贝佛为保全投资的60%资金做了不懈努力,而实际上又不无遗憾地道出了他的过失,即损失了另外的40%。贝佛听了这些话,绝不会心安理得,而是会以更加勤勉的工作来弥补自己的过失。

　　有的时候,委婉语能含蓄地表明我们的态度,能够避免因直言不讳产生的心理刺激,引发矛盾纠纷。两个小男孩一起游戏,不知为什么互相打了起来,一个孩子的脸被抓出了血痕,哭着跑回家,另一个自知闯了祸的孩子已经不见踪影。妈妈看见孩子的脸被抓破了,很生气,觉得就算有争执,也不能把别人的脸抓破,想告知对方父母,又不知怎样说比较好。这位妈妈转念一想:对方的孩子是否也受伤了? 于是,她找到那个孩子的父母,告诉他们:"孩子们刚才似乎打了一架,我的孩子受伤回来,不知你家的孩子受伤了没有?"听了这样关切的话,那对夫妇大为感动,连忙道歉,并一再询问受伤孩子的伤势。如果这位妈妈一开始就摆出兴师问罪的架势,或许就没有这么顺利,也许会引起双方不必要的纠纷麻烦。

　　有时候,生活中说真话会得罪人,说假话又违背自己的良心。这个时候就需要使用一些谈话技巧,这样可以收到比较好的效果。李某的一个熟人向她推销贩来的女式皮大衣,李某知道这熟人的商业道德欠佳,怕上当,不想买她的大衣,却又不便得罪对方。因此就推说之前自己刚好想要一件皮大衣,但是她丈夫刚好去出差,临走时说了要给她买大衣。王某的丈夫确实出差了,可并没有买大衣这事,她只是用这个作为借口委婉地回绝了对方。

　　有时候人们碍于身份或者形势,不便直言,含而不露更适宜。有一次,周总理宴请卓别林,卓别林对中国的烤鸭赞叹不已。他说:"贵国的烤鸭,味道之好,举世无双,但有一个小小的缺点,就是无法再吃。"卓别林很想再次吃到中国的烤鸭,但不便直言,他巧妙地拐了个弯,以提意见的方式表达自己的愿望,话说得委婉含蓄。周总理心领神会,叫服务员送给客人两只烤鸭。

　　委婉语在对外交往中使用相当普遍。有时需要对某个问题做出反应,

但由于种种原因，不宜或不便直截了当地表示赞同或反对意见，委婉表达是最有效的表达方式。例如："在中美知识产权谈判过程中，英方主要谈判代表不辞而别，致使谈判中断，对此，中方表示极大遗憾。"句中"表示遗憾"含有愤慨和谴责的意思，只是不明说罢了。在外交活动中，这种含蓄的说法经常可以看到："无可奉告"就是拒绝回答；"表示理解"表达的意思是对问题持中立态度，虽不谴责对方，也不赞同对方的意见；"表示关切"言下之意就是对事态表示关注，暗示有可能参与干预；"坦率地交换了意见"言下之意就是表示双方存在意见分歧。

在外交场合，我们古人极其讲究措辞严谨、委婉，即便要宣战或者讨伐也都通过曲折委婉的方式表达出来。如：

> 犀首伐黄，过卫，使人谓卫君曰："弊邑之师，过大国之郊，曾无一介之使以存之乎？敢请其罪。今黄城将下矣，已，将移兵而造大国之城下。"（《宋、卫、中山策·犀首伐黄》）[1]

这里"敢请其罪"的意思是"请问我们有什么罪过"，这里用的是请罪的口吻，但当时犀首已决定攻打卫国，明明是在找借口对卫国兴师问罪。

> 一人曰："警天下之主有侵君者，臣请以臣之血湔其衽。"（《齐策·孟尝君宴坐》）[2]

"以臣之血湔其衽"意思是我用自己的血洗濯他的衣襟，委婉地暗示我会杀了他。

再如，在外交活动中，常常听见"将在方便的时候到贵国访问"这样的说法，这个方便的时候，宾主都并不确切地知道是什么时候。确定日期很快进行访问，说明"方便的时候"已到；此后很久才访问甚至不能成行，也不算食言，说明"方便的时候"还未到。这要比精确地回答某月某日访问要更合适。

关于一些敏感的政治问题或政治交际问题，也常常采用委婉语。比如，1972年周恩来总理在欢迎尼克松总统宴会上的祝酒词："由于大家都知道的原因，两国人民的往来中断了二十多年。现在，经过双方共同的努力，友好往来的大门终于打开了。"这里，两国中断往来二十多年的原因明显是指"美国政府的反华立场"，但在重续友好的场合下不宜明说，便用了模糊的委婉语"大家都知道的原因"，既避免了刺激性的话语，又不伤对方的感情，既适应了外交的礼仪，又切合我国的原则立场。

类似的还有我国领导人关于台湾问题的见解。邓小平在1979年1月5

---

① 〔西汉〕刘向：《战国策·宋卫策》，上海：上海古籍出版社，2012年。

② 〔西汉〕刘向：《战国策·齐策》，上海：上海古籍出版社，2012年。

日就"台湾问题"发表见解时,对采访他的美国记者说过这样一句话:"在这个问题上,我们不能承担这么一个义务:除了和平方式以外不能用其他方式来实现统一祖国的愿望。"1995年10月,台湾的"台独"言论甚嚣尘上,江泽民总书记在接受美国电视台采访时是这样表述的:"我们一贯主张和平统一,'一国两制',但是如果台湾岛内分裂主义势力搞'台湾独立',我们不排除采取非和平手段的可能性。"针对台湾岛内的"两国论",江泽民总书记又使用了"我们不排除使用武力手段来解决台湾问题的可能性"。我党两代领导人所使用的"和平方式以外的其他方式""非和平手段"和"不排除使用武力手段"都暗示了一个共同的含义:也有可能会使用武力解决台湾问题。措辞中避开了"战争"这个敏感词,温和而又不失坚定。

直道好跑马,曲径可通幽。总而言之,在人际交往中,有时候人们使用委婉语,用婉转隐蔽的方法表达自己的观点,让听者领会思考,是一种比直言更为有效的讲话技巧,是使交际活动不致因观点不同而中断的一种较为有效的处理方法,我们不妨多试一试。

委婉语不是一成不变的,随着社会的发展,有些委婉语被淘汰,也有新的委婉语陆续登上舞台。

委婉语主要是回避猥亵性、亵渎性或有伤大雅的一些词语,但是时代不同,人们所回避的禁忌对象差异也很大。比如,当原有的禁忌事物消失或事物的禁忌需要丧失时,相应的委婉语就会被淘汰,或者只在一些文学作品中出现。如,封建时代特有的一些低下的职业或身份消失,相应的委婉语也随之淘汰,像婉称太监的"中贵人""公公""内相""黄门",婉称权贵私人所属仆役的"亲随""长班""伴当""苍头"等。新中国建立后一段时间内以阶级斗争为纲,地主、富农成分普遍遭歧视,于是便有了"成分高"这一婉称。但随着时代的变化,这种阶级歧视的取消,"成分高"一词也很快被淘汰。

还有一些事物,每个时代都存在,但在旧时代因为种种原因需要委婉,而后来却并不需要委婉,那么指称这些事物的委婉语也会逐渐被淘汰。比如说,旧时代艺人的身份很低,因此常用"优伶""伶人""伶伦"等来代替"戏子"的刺耳叫法。但是在现在,演员已经成为让人羡慕的职业,完全没有必要使用委婉语,这些词自然也就被淘汰了。旧时代指称演员的委婉语似乎只有"梨园弟子"或"梨园世家"还未被淘汰,但一般也只是作为美称来使用,而不是为了对"演员"做避讳。

婉曲含蓄的委婉语
WANQU HANXU DE WEIWANYU

图28　旧时艺人被委婉地称为"优伶"

　　再者,某些时代特定的阶级和宗教意识色彩的委婉语渐渐被一些新的委婉语所代替。比如之前提到的"死亡",旧时专用于某些人物的委婉语都已不能流行,如婉指帝王死亡的"崩""驾崩""大行""弃群臣",专指士大夫等官吏死亡的"禄命终""不禄"等。还有一些婉称死亡的词来自宗教,如"蝉蜕""蜕化""蜕委",源于道教认为人死即解脱成仙,犹蝉之蜕化的意识;"归真"源于佛教称人生由阴间鬼魂转世而来,人死则为灵魂仍转回阴间;"散形"源于道教,道教称修道者死后留下形骸,魂魄则散去成仙。同类的还有"迁形""登遐""登莲界"等等。现代中国,无神论思想占主导地位,这些词很难被接受沿用。

　　有一些委婉语文言色彩太浓,其中一些单字在现代汉语中已经成为生僻字,意思不易为一般人了解,由其构成的委婉语必然会被淘汰。如"闺阃"婉指女人的隐私,"苦盖"婉指地位低下的人。另有一些委婉语来自已经不为众人所知的典故。如"女校书",旧时婉指妓女,唐代成都名妓薛涛有文才,时人呼之"女校书";又如"邯郸虱",婉指形势危急,出自《韩非子》中的一段典故。这些委婉语,连同其依据的生僻典故一起被时代淘汰了。还有一些委婉语,由于使用范围和使用频率有限,渐渐被淘汰。如婉指大小便的"水火""开风",婉指妓院的"章台"等等。

　　时代的变迁,造就了一些新的事物,当人们普遍认为直言这些事物有所不便时,就会生成新的委婉语。例如,在婚育年龄普遍偏小而又没有自由恋爱的旧中国,不存在所谓的"早恋"禁忌。但在中国实行基础教育男女同校制度后,才会有男女中学生,甚至小学生过早谈恋爱的现象。在中小学圈子里,"早恋"成了某种程度上不便直言的词语,于是便出现了"超同学关系"这样的委婉语。再如,近代工业化以来,城乡差别不断扩大,而且近半个世纪以来,严格的城镇户籍制度又使乡村居民显得低人一等,"农村人"身份渐渐成为禁忌对象,并因此产生了相应的委婉语。如把在城市里做工而没有城镇户口的人委婉地称为"外地进城务工人员"来代替有点刺耳的"农民工",以及前些年出现较多的"打工仔""打工妹"。又如,近些年,老年人自由婚恋成为一种值得注意的社会现象时,就出现了"黄昏恋"这样婉指老年人婚恋的委婉语。近年来,随着社会开始重视残疾和弱智儿童的教育问题,出现了婉指残疾和弱智儿童教育的"特殊教育"。

图29 外来务工人员之家

还有一些事物一直就存在,随着时代的发展却变得有所禁忌,于是出现了新的委婉语。例如,在等级森严的旧时代,"佣人"或"保姆"的称呼习以为常,但在现在,"佣人"或"保姆"不免显得不尊重,于是便出现了"阿姨""家政人员"这类的委婉称呼。"工人"在新中国成立后的很长一段时间里曾经是值得自豪和令人羡慕的身份,但近年来,社会经济生活多元化,"工人"身份显得不那么优越而需要委婉,因而借鉴了西方称"蓝领"。

新委婉语的生成受到时代特定思潮和事物的制约,例如,用"去见马克思"来婉指死,显然是受马克思主义意识形态的影响;用"吃禁果"来婉称初次性行为,源自西方基督教输入中国的事实。民国时期用"袁大头"婉指钱,是因为民国初年发行的银币上带有袁世凯的头像;而当代中国以"工农兵""大团结""老人头"等来婉称钱,则源于人民币上的图案。

由于改革开放以来对外交往的密切和外来事物及概念的引进,一些国

外的委婉语词直接或间接地成为汉语委婉语。比如婉称性行为的"做爱"、婉指色情电影或书刊的"成人电影/书刊"、婉称落后国家的"发展中国家""新兴国家"等,都来自于英语词语的翻译。

"独身"这种生活方式,曾被看作是一种孤僻怪异甚至是精神不正常的行为,用"光棍""老处女""半吊子"称之。现代则用"独身""单身"甚至是"单身贵族"来称之,表示了一种接受、理解和认可。有些人因各种原因延误了个人问题的解决,成为大龄未婚青年,婉称"大龄青年",避开了有刺激性的"未婚"。近年还出现了"剩男""剩女"称谓。

还有一些委婉语借用原有的委婉语词,但用来指新的禁忌概念或事物。如"下海"一词,原来是"票友鬻艺而为伶者",后来又用以婉指充当妓女,或指妓女第一次接客,现在则指科技人员、机关工作人员等离开原有岗位专职或兼职办公司、搞实业。再如,"跳槽"原意是指牲口改到别的食槽吃食;后来演变为一个委婉语,暗喻嫖客抛弃旧相识的妓女另找其他妓女寻欢;现在"跳槽"则是指变换新的工作。

除了生成新的委婉语以外,还有一种情况,就是委婉语词的更新替代,就是有些委婉语词在经过一段时期使用成为固定名称后,随着时间推移,渐渐变得有些刺耳,最终演化为被禁忌的对象,需要再次产生新的词来委婉代之。例如,关于"茅房""厕所",人们渐渐觉得这两个词会让人联想到污秽的粪便,于是回避它们,创造出一些刺激性较弱的新名词,如"卫生间",随后,人们可能又觉得"卫生间"的委婉效果越来越差,于是又产生出"洗手间""一号"等意义更含糊而委婉效果更强的委婉语。

再如,"婊子"最早是娼妓、妓女的委婉语,但现在却已是刺激性极强的词语,于是被其他的一些词如"野鸡""鸡""街头女郎"等取而代之,随后,说起"鸡"或"街头女郎"也显得有点尴尬,一些人又用"按摩女郎""发廊女""三陪""公关小姐""吧女"甚至"情感陪护小姐"等词来替代,或干脆用含糊的"小姐"代之,使得"小姐"也似乎成了不雅的固定词语,显示出将遭到禁忌的前景。

这两个例子充分说明了一些变化,类似的例子还有:

呆子/白痴→低能→弱智→智残→智障→……

刮宫/打胎→堕胎→人流→终止妊娠→……

姘头→相好→第三者→情人→婚外恋人→男/女朋友→……

风流疮→花柳病→疳疮→暗疾→皮肤病→泌尿系统疾病→……

调戏→非礼→吃豆腐/揩油→性骚扰→骚扰→……

需要指出的是,以上列出的委婉语词的替代并不一定按照给出的顺序,而且也不是非替代不可。事实上,某个词语委婉效果的减弱乃至最终被别的词语替代,也不是一蹴而就的,而是一个渐进的过程。这其中,指称同一事物的几个委婉语往往同时使用,缓慢地彼此消长。

　　汉语委婉词广泛存在于我们的社会生活、言语交际和文学作品中,并且不断地发展变化,形成了深厚的文化积淀。它是协调人际关系的重要手段,尤其在构建和谐社会的今天,学会使用委婉语对于我们建立良好友善的人际关系尤为重要。

婉曲含蓄的委婉语
WANQU HANXU DE WEIWANYU

温馨暖人的祝福语

　　祝福语是用来表达美好祈愿和增添喜庆气氛的民俗语言现象，是祝愿他人平安和幸福的话。这种真善美的表达古已有之，比如古代的祝辞。祝辞本是祭祀活动中祝福求福之辞。这些祝辞有祭祀仪式上人向神贡献礼物和赞美的言辞，希望神能赐给自己福祉；有祭祀中神尸给主祭者的致福；还有人对人的祝福。相传最早的祝辞是伊耆氏的蜡祭之辞："土反其宅，水归其壑，昆虫毋作，草木归其泽。"①（《礼记·郊特牲》）祈求泥土不要崩塌，河水不要泛滥，危害庄稼的昆虫不要兴起成灾，各种野草归于薮泽（不要长在良田里）。徐师曾称《蜡祭》为"祝文之祖"。《蜡祭》是向神祈福。《仪礼·少牢馈食礼》保存了一篇神尸的致福："皇尸命工祝，承致多福无疆于女孝孙。来女孝孙，使女受禄于天，宜稼于田，眉寿万年，勿替引之。"②这是神尸命祝转达神对主祭者的福佑。什么是"祝"？《说文·示部》："祝，祭主赞词者。从示，从人口。"③段玉裁注：示、人、口三字会意，用人和口来与神同灵。祝在祭祀中扮演着人神之间的媒介，主祭者向神的祈祷由祝来转达，而神对主人的福佑，也由祝来陈说。

　　祝辞中除了对神的祈福辞和神给人的福佑辞，还有人对人的祝愿、祝贺之辞。如《仪礼·士冠礼》详细记录了古代贵族男子满二十岁举行的加冠仪式和程序，完整地保存了宾朋对加冠者的祝辞。

　　始加，祝曰："令月吉日，始加元服。弃尔幼志，顺尔成德。寿考惟祺，介尔景福。"再加，曰："吉日令辰，乃申尔服。敬尔威仪，淑慎尔德。眉寿万年，

---

①叶绍钧注：《礼记》，上海：商务印书馆出版，1930年。
②叶绍钧注：《礼记》，上海：商务印书馆出版，1930年。
③〔清〕段玉裁：《说文解字注》，北京：中华书局，2013年。

永受胡福。"三加，曰："以岁之正，以月之令，咸加尔服。兄弟俱在，以成厥德。黄耇无疆，受天之庆。"①《士冠礼》后面所记的醴辞、醮辞及命字祝辞同加冠祝辞一样，都是对加冠者的赞美、希望与祝福。内容大多围绕着福、寿、祥、庆等方面。

除了冠礼上要用祝辞，君臣宴飨，臣子要向国君进献祝辞；大战在即，有向神灵祈求保佑的祝辞；甚至建成新房子，也要做祝主人长久安居于此的祝辞。古人相信神灵的存在，也相信语言的魔力，相信这些诚恳的祈祷、美好的祝愿都会实现。现在，虽然破除了封建迷信，但是中国人逢年过节总要互相祝贺，在婚礼、生日、乔迁或开张营业等喜庆的日子里，更需要说些祝福的话，赠送一些象征吉祥的礼物，分别时通常也要简单地说些祝福平安、顺利的话，就连写信、写邮件时也不忘在末尾写上几句表示美好祝愿的话。这些"祝福的话"就是祝福语，也叫祝愿语。

祝福语的种类很多，从内容上可以分为节日祝福、生日祝福、朋友祝福、爱情祝福、新婚祝福、纪念日祝福、成功祝福等。每类又可分出许多小类。比如节日祝福就可以再分为元旦祝福、春节祝福、端午祝福、重阳节祝福，这些都是按中华民族的传统节日来分的；新中国成立以后还设置了很多新的节日，这些节日也有特定的祝福语，如妇女节祝福语、劳动节祝福语、儿童节祝福语、教师节祝福语等。

按照祝福的传递途径又可以分为以下几种：一是口语祝福。是在聚会、宴会等庆祝的场合，参与者对主角直接送出祝福。这类祝福一般直白、简短、精练。如："祝你长命百岁""祝你们白头偕老""祝您马到成功"等。二是网络祝福。网络将祝福通过互联网铭记、传播在网络世界，其在普适人群、传播领域、即时速度等方面都有书信、电话不可比拟的特点。三是短信祝福。通过手机短信、QQ短信等通信工具对朋友发出祝福。这类祝福语现在非常普遍，每逢节日，短信祝福就会铺天盖地而来。四是贺卡祝福。通过书信、贺卡等写下对朋友的祝福语言，用邮寄方式

图30　中秋祝福贺卡

①叶绍钧注：《礼记》，上海：商务印书馆出版，1930年。

送给被祝福者。如:"每一朵雪花飘下,每一个烟火燃起,每一秒时间流动,每一份思念传送,都代表着我想要送你的每一个祝福:圣诞快乐!"

祝福语的种类丰富,这里只选取其中几个点做简要介绍。

一、福之祝福语

"福"在甲骨文里像双手捧酒樽往祭桌上进奉酒之状,表示用酒祭祀神以祈求神灵降福。《尚书·洪范》曰:"五福:一曰寿,二曰富,三曰康宁,四曰攸好德,五曰考终命。"[①]可见"寿""富""康宁""好德""考终命"都是福。需特别说明的是"考终命"。孔颖达疏:"各成其长短之命以自终,不横夭。"意思是人不管命长命短,只要是自然死亡,不是死于非命,就是"考终命"。

有关"福"的四字吉祥语有很多。如"五福临门""福如东海""福星高照""五福捧寿"等等。过年时,家家都会贴"福"字,越来越多的家庭贴倒福,取意"福"到了。倒福还有一个小故事。清末的某年除夕,慈禧太后赐"万福"与群臣时,恭亲王在叩头谢恩时竟然将"福"字拿倒了,看到此情景,官员们都吓得大汗淋淋。太监李莲英却灵机一动为其辩解说:"老佛爷寿比南山福如东海,新年接福,福就真正'倒'了。"慈禧一听,特别高兴,说道:"福到了!福到了!"恭亲王因此在王府门上重新贴上两个倒的"福"字。

据谭永燕在《〈诗经〉祝愿语研究》一文中统计,《诗经》中关于得福的祝愿语最多,一共有43条。这些祝福语中,大多是祝君主得福,如:"既见君子……万福攸同。"[②](《小雅·蓼萧》)"君子"指周王;"攸"解作所;"同"解作聚。这一句是祝愿周天子能得到万种福气。

也有神尸祝主祭者得福的祝愿语。如:

尔酒既清,尔肴既馨,公尸燕饮,福禄来成。……

尔酒既多,尔肴既嘉。公尸燕饮,福禄来为。……

尔酒既湑,尔肴伊脯。公尸燕饮,福禄来下。(《大雅·凫鹥》)[③]

意思大致是:你的美酒清又醇,你的菜肴味道香。公尸赴宴来品尝,助你福禄长安康。

《诗经》里这些关于得福的祝福语,现在还常常使用,如"祝你幸福""祝你生活幸福美满""祝幸福快乐"等等。"福"包括的范围比较广泛,中国民间一直就有福、禄、寿、喜、财(或者寿、富、贵、康、宁)"五福"之说。这种思想也一直流传到今天,是中国人对于美好生活的愿望。"寿""禄""喜"在后面会单

①慕平译注:《尚书·洪范》,北京:中华书局,2009年。

②[宋]《朱熹集传·诗经》,上海:上海古籍出版社,2013年。

③[宋]《朱熹集传·诗经》,上海:上海古籍出版社,2013年。

独讲，所以我们再来看看关于"财"的一些祝福语。

"财"属于"五福"的一种，是人生存和发展的物质基础。不同阶层、工种的人，"财"有着不同的意义，所以祝福语也常有不同：对农民来说，财是"五谷丰登""六畜兴旺"；对商人而言，财是"生意兴隆""财源广进"；对官员来说，财是"步步高升""封妻荫子"；对工薪阶层来说，财是"工资翻番""奖金翻倍"。所以，为了求个好彩头，过年时，要大年初一开"财门"迎财神。商家开市时要供香案，企盼生意兴隆、财源茂盛；还有的在房间里粘贴"年年有余""吉庆有余""五谷丰登""金玉满堂"的横幅。

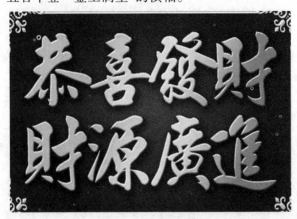

图31 "财"之祝福语

但是1949年新中国成立后，社会形态发生巨大变化，具有浓厚传统色彩的祝福语也一洗陈腐旧套而面貌一新。有些祈求荣华富贵的祝福语诸如"大富大贵""招财进宝""飞黄腾达"等就出现得少了。而改革开放以后，以经济建设为中心的政策使许多人的思想观念大大改变，对金钱财富的渴望也喷薄而出。在这种社会背景下，曾经绝迹的、被认为铜臭味儿十足的祈求发财之类的祝福语得到了复出的机会。尤其是"恭喜发财"，在过春节时使用频率极高，连小孩子都会在要红包时说一句："恭喜发财，红包拿来。"

二、寿之祝福语

人类有着与生俱来的对生命的热爱和对死亡的趋避，所以长寿，一直是人类的追求。人类渴望自己能够长生不老，甚至长生不死。历史上，秦始皇为了追求长生，召集天下术士，专门研究长生不老，甚至传说始皇派徐福携五百童男童女出海寻找仙人炼制长生不老药。虽然是传说，但从一个方面证明了人类对长寿的渴望。

对长寿的追求，处处存在。给长辈们过生日叫"祝寿""贺寿"；药铺的招

牌叫"万寿堂""仁寿堂";房子取名叫"千秋宫""仁寿宫";植物名字叫"万寿菊""万年松""万年青";翻开中国地图,有"寿宁县(福建省)""寿光市(山东省)""寿县(安徽省)""仁寿县(四川省)""长寿县(四川省)""汉寿县(湖南省)"等。

长寿在祝福语中占据了非常重要的席位。据谭永燕(2012)统计,在《诗经》中,祝长寿的祝福语共35条。这些祝愿语中有直陈式的,句中带有"难老""寿""寿考""命长"等词。如:"君子至止……寿考不忘。"①(《秦风·终南》)这是祝君子长寿的祝愿语。"寿考","考"与"老"同义,《说文·老部》:"老,考也。""考,老也。"②"寿考"即寿老、寿高的意思。意思是祝愿君子万寿无疆。

《诗经》中也有借代式祝长寿的祝福语。如:"乐只君子,遐不眉寿。"③(《小雅·南山有台》)这句是祝君子长寿的祝愿语。"遐"解作何,为什么;"眉寿"解作长寿。意思是,这样的君子怎能不长眉秀出大有寿相呢!这样的君子怎能不头无白发延年益寿呢!

《诗经》中还有比喻式祝长寿的祝福语。如:"三寿作朋,如冈如陵。"(《鲁颂·闷宫》)④《鲁颂·闷宫》是鲁大夫公子奚斯歌颂鲁僖公的诗。该句祝鲁僖公如山冈和山陵一般长寿。先民渴望长寿,但是人不可能长生不死,这是自然规律。所以人们崇拜那些永恒的事物,比如山冈和山陵,它们很坚固,能存在很久。相对人生的短暂和渺小,它们无疑是永恒的。所以先民祝长寿时用它们作比,用它们来表达对他人的美好祝愿,类似的还有"寿比南山""福如东海"等等。

《诗经》里除了以上几种,还有许多祝长寿的祝福语,如"万寿无疆""君子万年""天子万年""万有千岁"等等。不过这些祝福语里的有些词只适用于帝王,如"万岁""万寿无疆"。但是在现代,"万岁"不仅用于高层领导人,而且大多数时候用于团体,如"中国共产党万岁""中国人民万岁"。

我国传统的寿诞仪式普遍的是为六十岁、七十岁开外的老人做寿,而且随着老人年龄的增长,做寿的形式也会越来越隆重。过寿时,常用的祝寿祝福语有"松鹤延龄""福如东海、寿比南山""松柏常青""多福多寿""健康长寿""龟鹤齐龄""松菊延年""日月同辉、春秋不老""古稀重新,欢乐远长"等

---

①〔宋〕《朱熹集传·诗经》,上海:上海古籍出版社,2013年。

②〔清〕段玉裁:《说文解字注》,北京:中华书局,2013年。

③〔宋〕《朱熹集传·诗经》,上海:上海古籍出版社,2013年。

④〔宋〕《朱熹集传·诗经》,上海:上海古籍出版社,2013年。

等。如，周恩来总理1946年在别人六十大寿的祝辞末尾就用了"人民祝你长寿！全党祝你永康！"的祝福语。

现代社会过生日在儿童和青少年中也很流行，但失去了祝愿长寿的意味，取而代之的是祝愿平安、快乐、如意、健康等。开一个生日聚会，送一张生日贺卡，许一个心愿，吹灭生日蜡烛，吃生日蛋糕，这洋味十足、热闹喜庆的生日庆礼已进入千家万户。精美的生日贺卡上，写着亲友衷心的祝福。如：

"生日祝福送给你，好运幸运缠着你，快乐幸福陪着你，吉祥平安恋着你。祝生日快乐！"

"祝你年年有今朝，岁岁都健康。"

虽然祝寿祝福语表达了美好的祝愿，但如果不注意分辨听话人的身份和年龄而胡乱使用就很容易闹出笑话。据说，曾有一名女同学在某教授七十大寿的生日宴席上举杯道，"让我们祝××教授长命百岁"，结果所有人都哈哈大笑起来。原来，旧时，两三岁小孩系在肚子上的兜兜上绣有"长命百岁"四个字。后来"长命百岁"这一祝福语便用于对儿童的祝福，××教授已年过七十自然不能用这条祝福语，而应是"健康长寿"。

三、禄之祝福语

禄意为"古代官吏的俸给"。如何获得更多的俸禄，那就是做更大的官，追求更高的身份地位。所以关于"禄"的祝福语，首先要谈中举的即贺功名的祝福语。在"学而优则仕"的封建时代，"金榜题名"是读书人一大幸事，这标志着一个人从此跨进了功名利禄的大门。这类祝福语常见的有：榜上有名、三元及第、五子登科、禄位高升、状元及第等等。江苏海州人有"一六留胡"的习俗，即讲究留胡子的年龄是逢一逢六。如三十一岁、四十六岁，"逢一留胡"是因为嘴和鼻孔呈倒"品"字形，寓意是"一品宰相"；"逢六留胡"意思就是"口上有禄"，因为"禄"和"六"同音，也随之相应出现了"加冠晋禄""福禄双全"等吉祥语。[①]

现代社会，虽然没有科举制度了，但是有升学、毕业以及出国留学，在这些重要的时刻，各种升学、毕业典礼，庆贺宴席、聚会，怎么少得了祝福的话语？有的祝愿学业有成、前途光明，如"鹏程万里""前途无量""大展宏图"；有的勉励在学业上不断进取，如"学习更上一层楼""百尺竿头更进一步"。这类吉祥语还有："月中折桂""一举夺魁""金榜题名""德才兼备""鱼跃龙

温馨暖人的祝福语
WENXIN NUANREN DE ZHUFUYU

---

①引自于洋：《汉语吉祥语研究》，沈阳师范大学硕士论文，2011年。

门""独占鳌头""前程万里"等等。除了这些常用短语，还有亲朋们通过手机短信、QQ短信发送的考生寄语："十年寒窗苦，踏上高考路，心态放平和，信心要十足，面对考试卷，下笔如有神，短信送祝福，愿你能高中，马到功自成，金榜定题名。""高考来临之际送你几颗心：考前要松心，保持乐观；考试路上要小心，安全第一；考场之上要细心，不要让粗心钻空子；考完之后要欢心，痛痛快快地玩几天；要有信心去迎接新生活。祝高考顺利，美梦成真。"

图32 "大展宏图"牌匾

现代升学，"状元"仍然是个高频词，如"中考状元""高考状元"总是很能吸引人的眼球。状元是中国古代科举考试殿试进士的第一名。吴枋《宜斋野乘·状元词误》生动概括了状元的风光："五百人中第一仙，等闲平步上青天，绿袍乍著君恩重，黄榜初开御墨鲜，龙作马，玉为鞭，花如罗绮柳如绵，时人莫讶登科早，自是嫦娥爱少年。"①状元为什么一直这么"红"？因为在科举时代，要想入仕博取功名，就只有读书。中举不仅能使个人登科，一举成名，而且可以使全家受益，所以有"光宗耀祖""封妻荫子"之类的祝福语。作为科举头名的状元，意味着更好的选择与机遇。在现代社会，状元可以进入更好的大学，获得更多的资源提升自己，毕业后也能有更多更好的机遇。

除了贺功名，还有贺仕途的。"富"和"贵"是人之所欲也，自古以来，人们对荣华富贵和身份地位有着强烈的渴望和追求。比如，西汉镜铭中就有一类是祈求做高官、官运亨通等祝愿性质的祝福语，如："君宜高官，位至三公，大利"；"君宜高官，位至公卿"；"祝愿高官，位至三公，金钱满堂"②。时代变迁，人们对"贵"的追求并没有改变，常用的这类祝福语有：飞黄腾达、升官发财、官运亨通、加官晋爵、加官受禄、指日高升、一品当朝、封侯挂印。

①引自于洋：《汉语吉祥语研究》，沈阳师范大学硕士论文，2011年。
②转引自刘美、经莉莉：《从铜镜铭文管窥西汉人的社会追求》，载《许昌学院学报》2006年第5期。

四、喜之祝福语

　　"喜"指喜事,泛指令人高兴的事,如添丁进口、乔迁新居、家人团聚、夫妇和谐、丰收增产、财源茂盛等等都是喜事。这里主要介绍一下结婚庆典时使用的祝福语。

图33　结婚喜帖

　　婚姻合两姓之好,是人生中一大要事,一直被称为终身大事。古代婚礼讲究纳彩、问名、纳吉、纳征、请期、亲迎等"六礼",现代婚礼已经简化,仍存有旧的风俗,一般有议婚、订婚、迎娶等程序。不管是传统婚礼还是现代婚礼,人们一贯追求的是吉祥喜庆的气氛,很多民俗活动会在不同程度上表达人们的美好祝福。例如:有的地方亲朋好友在结婚当天会将红枣、花生、桂圆撒满婚床,因为"枣"与"早"同音,"桂"与"贵"同音,取其"早生贵子"之意,表达亲朋好友对新人的祝福。山东省章丘、淄博等地结婚,给新人铺婚帐时说的"一把栗子一把枣,小的跟着大的跑",女人们一边撒枣、栗子,一边口里念念有词,取"早立子""花着生(男女双全)"的意思。古装电视中,常见全福人在送嫁前,一边给新嫁娘梳头,一边念祝福俗语:"一梳梳到头,富贵不用愁;二梳梳到头,无病又无忧;三梳梳到头,多子又多寿;再梳梳到尾,举案又齐眉;二梳梳到尾,比翼共双飞;三梳梳到尾,永结同心佩。有头有尾,富富贵贵。"

　　结婚祝福语传递了人们对新婚夫妇的良好祝愿,在渲染喜庆气氛方面充当了重要角色。婚礼祝词非常丰富。婚礼前,祝福新人可以用:志同道合、喜结良缘、心心相印、百年好合、珠联璧合、比翼高飞、连枝相依、同心永

结、恩意如岳、永浴爱河、白首偕老、天长地久……

婚礼日,对新人的祝词可用:恭贺新婚、婚礼吉祥、新婚大禧、结婚嘉庆、新婚快乐、龙凤呈祥、喜结伉俪、佳偶天成、琴瑟和鸣、鸳鸯福禄、丝萝春秋、花好月圆、并蒂荣华、幸福美满、吉日良辰……

《诗经》中《周南·桃夭》就是一首新婚日贺新娘诗,也是祝新娘子"宜其家室"的诗。全诗为:"桃之夭夭,灼灼其华。之子于归,宜其家室。桃之夭夭,有蕡其实。之子于归,宜其家室。桃之夭夭,其叶蓁蓁。之子于归,宜其家人。"①诗以"桃之夭夭,灼灼其华"起兴,让人从桃花盛开联想到新娘的美貌、新婚的热烈气氛及真诚的祝福;同时用桃树的枝叶茂盛、果实累累来比喻婚姻生活的幸福美满,表现了人们对婚姻生活的美好希望和憧憬;"之子于归,宜其家室"等三句祝愿美丽的新娘能像桃树一样结实累累,给夫家开枝散叶,多子多孙,兴旺夫家。

除了对新人的祝福,还有对新人父母的祝词。对新郎父母的祝词有:令郎婚禧、家璧生辉、祝福早孙、贺子纳媳、增祺添丁……

对新娘父母所用祝词有:令爱婚禧、福得佳婿、恭贺女嫁、于归志喜……

对双方父母共贺祝词有:恭贺秦晋、贺继朱陈、联姻嘉庆、结亲兼福……

婚礼上宾客对新人的祝福语有:愿天下有情人终成眷属、喜结良缘、新婚大喜、百年好合、永结同心、新婚快乐、早生贵子、幸福美满、共谐连理、情比金坚、情似海深。新婚快乐,早生贵子! 祝你们永结同心,百年好合! 新婚愉快,甜甜蜜蜜! 夫妻恩恩爱爱到永远!

以上祝福语中除了有祝愿新人夫妻恩爱的以外,还有一些是祝福新人早生贵子、多子多福、子孙满堂的。这些祝福语体现了汉人传宗接代、养儿防老的民族文化心态。鲁迅在《阿Q正传》里写阿Q摸了小尼姑的脑袋,小尼姑骂了一声断子绝孙的阿Q,阿Q听了相当紧张。在中国人看来,断子绝孙是悲哀的,因为祖宗没有后代祭祀,就成了孤魂野鬼,不得安息,作为子孙没有脸面见列祖列宗,"不孝有三,无后为大"就是这种思想的反映。所以中国的传统文化看重多子多孙,认为这就是福分,而断子绝孙是罪过,是最尖刻的骂人话。这种传宗接代的思想跟小农经济和宗法观念也是分不开的。不过,随着20世纪70年代计划生育政策的实行,这一类的祝福语几乎销声匿迹了。

从"多子多福"祝福语的变化可知,汉语的祝福语不是一成不变的。千百年来,汉语的祝福语形成了自己的特点,积淀了中华民族深厚的文化传

①〔宋〕《朱熹集传·诗经》,上海:上海古籍出版社,2013年。

统,与社会习俗和民族心理有着直接和密切的联系。

1949年至今,我国社会从经济基础到上层建筑都发生了翻天覆地的变化,社会的变革总是会引起思想观念和社会关系的变化。祝福语的变迁可以说是中国社会沧桑巨变在语言生活中的一个直接反映。

历史上汉语祝福语主要是关于吉利、喜庆、平安、财富、长寿以及后嗣等方面的内容。如:每逢春节,人们互说"恭贺新禧""吉祥如意""万事大吉""年年有余""阖家团聚"等;在结婚的大喜之日,人们祝愿新人"白头偕老""百年好合""早生贵子""多子多福";给老人祝寿用"福如东海""寿比南山";给小孩过生日说"长命百岁";临别送行道一声"一路顺风""一路平安"。1949年新中国建立,社会形态发生巨大变革,新时代的祝福语体现的是革命同志之间新型的社会关系,如:"志同道合,做一对革命夫妻",表现出人们对共同的革命理想的追求和看重。"努力工作""好好学习""进步向上""精神焕发""继续前进""争取更大的成就""为共产主义事业而奋斗",体现出人们积极向上的精神风貌。[1]"文化大革命"时期的祝福语呈现出一派"革命"色彩,如:过春节时祝对方"过一个革命化有意义的春节";结婚时祝双方"做一对革命伴侣(或红色夫妻)""建立一个革命家庭""两颗红心共同前进""携手百年共同革命""早日生一个革命事业接班人";祝孩子们"听毛主席的话,做毛主席的好孩子""听党的话,做共产主义事业的接班人";祝年轻人"争当先进(或模范)""做毛主席的好战士""争取早日入党(或入团)"。这一时期最为流行的祝福语是"祝(敬爱的/伟大领袖)毛主席(他老人家)万寿无疆/万岁、万岁、万万岁"。

1978年改革开放以后,社会的重心由政治转向经济,物质生活大大丰富起来,人们解放思想,眼界大开,加上外来文化的影响与传统文化的回归,使社会关系变得复杂多样,人际交往也频繁广泛起来。社会语言与之相适应,发生了前所未有的变化,祝福语也不例外。举婚姻祝福语为例。人们对婚姻的祝福不再是"志同道合"了,于是"恩爱美满""白头偕老""百年好合"等传统的祝吉祈福语又重新出现在婚庆仪式上。还有关于健康、长寿等含义的祝福语又热了起来,如"祝你身体健康""祝您健康长寿、青春永驻"等。物质条件的改善使人们开始更多地关注自己的身体状况,健康就是幸福,拥有健康就拥有一切成为人们的共识。

随着不同文化之间交流的加强,一些充满洋味儿与新鲜感的祝福语也

温馨暖人的祝福语
WENXIN NUANREN DE ZHUFUYU

----

①引自孙曼均:《漫谈汉语祝福语的变迁与社会的变革》,载《语文建设》,1999年第4期。

出现并在青年人中广泛流行,如"心想事成""美梦成真""恭贺圣诞""圣诞快乐""母亲节快乐""情人节愉快""愿上帝祝福你""上帝赐福于你"等等。对于这些洋为中用的祝福语,中国人所看中的并非其宗教色彩,而是其中的浪漫与温馨。"××快乐"几乎成为万能祝福语。几乎除了清明节之外所有的传统节日都可以套用这个祝福语:"春节快乐""元宵节快乐""端午节快乐""重阳节快乐";所有的现代节日也可以用这种形式:"劳动节快乐""儿童节快乐""教师节快乐"。

从时下的祝福语中我们可以发现,从内容上看,现在的祝福语涉及的范围可以说是新中国成立以来最为宽泛的。这首先取决于社会生活的丰富、人们活动空间的扩大。且不说古今中外如春节、元旦、中秋节、圣诞节、母亲节、父亲节、教师节等各种节日、各种纪念日,就连升学、就业、结婚、生子、乔迁、开业、升官、送别、生病等事件,都是祝福语大显身手的地方。从形式上看,现在的祝福语一改过去的千篇一律,变得灵活多样。商场里琳琅满目的贺卡上,既有中华民族喜闻乐见的四字格和颇具传统韵味的对偶句,也有现代诗歌和散文形式的贺词,甚至还有英文的贺词。这种形式上的自由随意正是现代人追求个性化、多元化生活的体现,也是这个社会兼收并蓄、开放宽容的写照。

总之,祝福语只是语言现象中小小的一类,却能够在日常交际中起到重要的作用。人们常常使用最美好的字眼祝对方平安、长寿和幸运,虽然明知绝大部分祝福语都不能兑现,只是说说好话而已,但还是要说,为的是表示良好愿望和彼此关切的感情。这些祝福语用对了则说者和听者都会很高兴,要是一不小心用错了就会闹出不少笑话。中国现代著名的语言学家王力先生曾在文章中讲过这样一个故事:一个青年干部给自己的上级领导写信,领导的年纪有些大,为了表示对领导的敬仰和祝愿,青年提笔在信的末尾写下了"敬祝首长千古"。"千古"是祭奠死者时的悼词,真不知领导看了这样的祝福会做何感想。所以,祝福语虽好,还要看对象看时机谨慎选择。

与时俱进的新词新语

逝者如斯夫,不舍昼夜。随着时代的发展,新的事物、概念不断出现或消逝,它们或许会渐渐淡出公众视线,但还是会在时代的洪流中以自己的方式留下自己的印记;而新词语就是应时代需求而生、随时代发展而变的一个最好的时代坐标。

新词语是指在某一时点产生、在一定范围内迅速传播并在某一群体中盛行的语言现象,其使用者数量较多、使用频率较高,包括词、短语、句子或语篇等形式。现代社会中,新词语可谓是"社会的反光镜""时代的透视机",客观地映照了时代发展中发生的诸多社会现象。新词语已成为人们日常交际中争相追捧、喜欢使用的一种表达方式;特别是对于年轻人来说,使用甚至创生新词语成为他们追赶社会时尚、紧随时代步伐的标志。

图34　万国邮政联盟成立一百周年纪念邮票

从百年前的"万国邮政"到百年后的"非常爱情",社会的变迁毫无疑问地反映在语言的变化中。自进入多媒体时代以来,人们的生活发生了翻天

覆地的变化,时尚、流行已不仅仅表现于穿衣、配饰,也表现于对社会信息的迅速掌握与回应。随着手机、电脑、互联网等通讯传媒手段的普及,人们可以利用多种方式进行信息的复制和转发,信息的传递更加迅捷,信息共享的范围逐渐扩大。在此时代背景之下,出现了一批应时代需要而生、使用范围广、传播速度快的新词语,成为社会大众追赶时代潮流、反映当代文化的风向标。或幽默诙谐,增加生活趣味,或猛烈抨击,宣泄大众情绪,新词语用它自己的力量彰显时代旋律,影响着社会中的每一个追赶时代脚步的人。

一、历史上的新词新语

社会发展的点滴都会在语言系统打上自己的印记。语言的发展与社会的发展、人们对现实现象的认识的变化等有着密切联系,语言系统的一系列发展变化反映了时代的变迁,记录了社会发展的轨迹。作为语言系统发展过程中的一部分,新词语可以最敏锐地彰显时代特色、反映大众心理,成为社会、政治、经济、文化等方面的一面镜子。

新词语是伴随时代、社会发展而产生的,其产生与流行并不是单方面因素引起的,而是由社会文化背景、大众心理、媒体因素、语言因素等多方面因素综合作用的结果。新词语之所以能广泛传播,正是因为它反映了当前的社会动态、道德观念、审美情趣以及民众对社会现象的某种看法甚至是偏见,成为一种大众文化。

从原始社会到渔猎时代,再到农牧时代,再到奴隶社会,到封建社会,语言作为人类最重要的交际工具,要适应不断发展变化的交际需求。社会发展过程中新事物、新现象、新概念的不断出现,人们对交际提出新的要求,语言需要做出适当的调整,不断完善自己,才能更好地实现无障碍交流。例如在甲骨文中,有很多说明天文气象的词语,这就说明天文气象是原始社会词语的一个重要组成部分。而人称代词是原始社会的基本词语,如第一人称代词"余""朕""我"等。

借词和译词所代表的都是一些新的概念,是受到别的语言影响而产生的新词。借词是把别的语言中的词连音带意都接受的一种词。例如在南北朝时期,因种族杂居,汉语无法避免地受到少数民族语言的影响,蒙语中的"站"和"胡同"被汉族人接受,慢慢成为人人熟知的词语。译词是利用汉语原来的构词方式,把别的语言中的词所代表的概念介绍过来的一种词。例如乐器"琵琶""箜篌"等等都是从西域传来的译词,被汉族人接受,成为大家都知道的词语。

在各民族混居的时期,有大量的来自匈奴、西域的译词进入汉语词汇中。随着时间的推移,这些译词和汉语水乳交融,成为汉语中很重要的一个组成部分。例如"葡萄"本来写作"蒲陶",在《史记·大宛列传》中就有记载,这个词是因为张骞出使西域带回了葡萄种子,并在中国大量种植之后,被汉族人接受进而成为汉语词语的。

汉武帝时期佛教传入中国,佛教逐渐成为统治阶级教化百姓的宗教之一,佛教用语不可避免地融入汉语词汇中,成为当时的流行语。很多当时盛行的佛教用语在现在依然存在并活跃着。例如梵语中的"禅",是静修的意思,我们现在把能够让人心静的行为都称为"禅"。梵语中的"涅槃",是脱离一切烦恼进入自由的境界,在汉语经过转译之后,成为大家所熟知的重生之后重新开始的意思。

到了明清时期,中国出现大量的传教士和商人,通过这些人的到来,中国开始了解外国的文化,在交流的过程中,语言是最先发生变化的。传教士为了传教,商人为了销售商品,一些新的词语出现在汉语中,并被接受,进而得以流传下来。例如"鸦片"是英语 opium 的音译,在《本草纲目》中被称为"阿夫蓉"。"铁路"在《海国图志》中有记载,还有"公司"等都是那时候融入汉语中的。

图35　舶来品——洋烟

鸦片战争之后,中国社会处于动荡之中,这时候许多新的词汇出现,再加上很多一心实业救国的有志人士的推波助澜,西方哲学、经济和科学的名词术语大量开始被使用。例如"沙发"音译自英语中的"sofa","扑克"来自英语中的"poker","咖啡"来自法语中的"cofé","香槟"来自法语中的"champagne","冰激凌"来自英语中的"icecream"等等。

到了民国时期,越来越多的新事物出现,汉语词语的变化依然循着外来事物发展。起初不太能够接受的情况也发生了变化,随着在平常生活中使用的越来越多,慢慢成为生活中不可缺少的一部分。例如"洋火""洋服""洋蜡""洋烟"等等,最初都被冠上"洋"字来表示这些都是来自国外的,后来得到认可之后改为"火柴""西装""蜡烛""香烟"等等。人们的心理也发生了很大的改变,从最初的害怕到后来的平和,从等级分化的严格到人人平等的体现,汉语词语为能更准确、精确地表达,也随之发生相应的变化。例如"万兽园"改称"动物园","听差的"改称"服务员","自行屋"改称"电梯"。在这一时期还有一个词在现代发生了一些词义上的变化。"老妈子"在民国是帮佣的一种口语化的称呼,但现在很多人把自己的母亲戏称为"老妈子",这个词发生了意义上的变化,意思是说母亲任劳任怨,包办了孩子所有的事情,为了让孩子可以轻松地工作学习。

二、当代的新词新语

新中国建立以后,人们意识形态上的改变反映在语言的转变上,主要是人与人之间的称呼发生了很大的变化。当"三反五反"、公私合营等社会主义改造基本完成以后,"掌柜的""经理""董事长"都不复存在了,取而代之的是"同志",这个词语的出现目的是将所有人的社会地位放在同一水平线上,一视同仁,而"同志"这个词更是蕴含了共同目标、共同奋斗、共同生活、共同劳动等含义在里面。新的社会旨在消除等级观念,并不是排斥温馨的情感。以前夫妻之间的称谓有"先生""太太""当家的""屋里的"等等,这些称呼都带有浓重的社会阶级色彩,现在通通用一个词"爱人"来称呼,打破了尊卑意识、性别意识和身份地位差别,这一称呼一直持续到20世纪80年代。

十年"文革"给语言带来了巨大的冲击。在当时出现频率极高的一些词语,现在多数都已经不能辨识了,如"走资派""红卫兵""早请示""晚汇报""老三篇""样板戏""忠字舞""大串联""大字报"等等,现在很多年轻人听起来不仅觉得陌生,而且完全不明白这些词语的意思。"文革"一方面造成了语言形式的刻板,另一方面也污染了语言的风气。例如:很多文章一开头就是"四海翻腾云水怒,五洲震荡风雷激……",结尾就是"多少事,从来急,天地转,光阴迫,一万年太久,只争朝夕……";回顾历史就用"忆往昔峥嵘岁月稠……";《人民日报》的社论中出现"牛鬼蛇神""一小撮"等词语。

图36　红卫兵证书

随着日本文化的传播和高科技技术的引进，越来越多的日语词出现在汉语中，这些外来的词语被分为意义和形式两种类型。意义类型包括很多方面，如在政治方面的"公开选举""公务员"；在经济方面的"店长""开发""物流"；在社会方面的"过劳死""前卫""亲和力"；在生活文体方面的"充电""卡拉OK""便当""料理"等等。还有用作语缀的"-流""-面""-族"，如"客流""基本面""哈日族"等等。形式类型包括各种日语中的借词，如"取缔""企划""新人类""榻榻米""人气""动产""写真""研修""前卫""卡哇伊""哆啦A梦""亲子"等等。

在这些传到中国的词语中，有很多影响我们学习生活的，一直到现在也在使用着。"理念"是一个来自希腊的哲学名词，本义是指理性概念，今指思想观念、观点或者见解。"人气"在日语中有人缘、受欢迎的意思，在汉语中引申为热闹、受瞩目的意思。"物语"在日语里有谈话、谈论故事的意思，在汉语里仅仅只是和"故事"一词同义。"卡哇伊"是日语"可爱"的意思，现在很多年轻人都用它来形容某个人长得可爱，或是可爱的事物也用它来形容。

韩语也有很多词语融入了汉语中，经过2014年春晚"长腿欧巴"李敏镐和《来自星星的你》中金秀贤的强势来袭，"欧巴"这个韩语词迅速升温，很多女孩子都用它来称呼高且帅的男孩子，其实"欧巴"在韩语中的意思是"哥哥"，而且是女生称呼比自己大的男生的专用词。

20世纪80年代中期，因为改革开放的原因，内地和港澳台在政治、经

与时俱进的新词新语

YUSHI-JUJIN DE XINCI XINYU

济、文化等方面的接触越来越多,港台词开始源源不断地进入内地,对内地产生了强烈的影响,其中很多都被吸收并且使用到现在。例如"影视""连锁店""大排档""炒鱿鱼""煲电话粥""减肥茶""超豪华""艺人""空姐""追星族""脱口秀""精英""融资""朱古力"等等。普通话吸收港澳台的词语来丰富词汇系统,选择有特色的来提高质量和品位,让词汇系统时时注入新的"养分"。"酷"是从英语中来的,意思是"冷",港澳台将其音译,表示好、棒的意思,但内地却将其解释成冷峻、孤傲、有个性的意思。"大哥大"本来指黑帮组织中资格老、势力大的大头头,在内地代指最早样子的移动电话机。"粉丝"是指对某人或某一类事情特别着迷、狂热的人,港澳台音译兼意译,内地特指特别崇拜某个明星的一类人。

到了现在,随着网络的普及,全世界信息的互相交流,汉语中出现了越来越多网络语言,这种语言最初只使用于网络交际领域中,慢慢发展到现实生活中。因为网络语言具有生动风趣、简洁省事、个性化强、很贴近生活等特点,使用频率越来越高,所以自然而然地进入了语言系统,成为日常口语和书面语言的一部分。"猫"本来是一种动物的名称,但在网络里它是调制解调器的俗称,是英语 Modem 的谐音。"菜鸟"是英语 trainee 的音译,是网上新手的意思,但现在泛指每个行业中的新手。

网络语言是受到中国改革开放的影响,在相对宽松的政治、经济、文化环境中产生的,体现了网民的敢于创造、乐于创造。2012 年,电视剧《后宫甄嬛传》红透大江南北,全国掀起了一阵追剧狂潮。随着此剧的热播,剧中的台词也因其"古色古香"、包含古诗风韵而被广大网友效仿,并被称为"甄嬛体"。不少观众张口便是"本宫",描述事物也喜用"极好""真真"等词,瞬间"甄嬛体"红遍网络。众网友纷纷效仿剧中包含古诗风韵的台词,形容一件事物完美喜用"这真真是极好的""……是最好不过的了",常用短句还有"若是……想必是极好的,但……倒也不负……"等等。除在微博上用甄嬛体造句外,春晚上曹云金和刘云天小品中的一段"甄嬛体"串口更是精彩绝伦,众网友还将其引入日常生活中,凭空制造出无数欢乐。

图37　电视剧《甄嬛传》宣传画

三、新词新语的素材来源及创生方式

新词语是应社会发展、时代潮流变化而生的,其素材来源也势必与社会发展、时代潮流变化有关。社会无时无刻不在发生变化,其中不乏各种社会大众普遍关注的社会事件或社会热点。综合看来,新词语的素材主要来源于社会事件、网络热门事件、影视作品、名人名言等四个方面。

随着人们权利意识的提升,越来越多的人积极地对各种社会事件发表自己的看法,抒发自己的情感。同时,由于网络等表达渠道的普及,人们可以及时地了解社会动态,同时通过多种渠道来表达自己对相关社会事件的意愿和诉求,这为新词语的产生提供了土壤和传播渠道,许多新词语就应运而生了。在回应温州重大动车追尾事故时,发言人对事故的解释受到质疑,发言人回答"至于你信不信,反正我信了"立即引起人们的广泛关注和质疑,从而使得"反正我信了"成为时下流行语。"走你"这个词源于"辽宁舰"在进行舰载机起降训练中的飞行示意姿势。它除了是一个词语外,还代表动作手势的含义,有网友评论说:"这是一个有力的动作,这是一个自信的动作,这是一个很有创意又自豪的动作。"

图38　辽宁舰指挥人员飞行示意姿势

很多新词语都是在网络的大环境中产生并流传开来的,由网络热门事件衍生的新词语也就越来越多,常见的字词有"亲""包邮哦""好评哦"等。其中"亲"的使用范围最大,越来越多的人将其用作对交际对方的一种亲切的称呼。"秒杀"原是网络游戏用语,后因购物网的"秒杀"促销活动而走红,其词义范围及使用人群都大幅度扩大。"伤不起"的火爆源于网络上的一篇题为"学法语的人你伤不起啊!"的帖子,帖子历数学习法语所遇到的种种困难和无奈,并且几乎每句话都以"啊"结尾,后面还有一个接一个的感叹号,人称"咆哮体"。随着该帖大热,"伤不起"成了热词。"给力"源自网友配音的日本动画片,随着动画片的热播,"给力"也风靡全国,在词义上增加了很好、棒、加油、给予力量或支持、发挥作用等意义。"神马都是浮云"随着网络论坛中的"小月月事件"而走红。

随着各类电视节目、电视剧、电影等影视作品的热播,一些经典台词也火了起来,成为风靡一时的新词语。而小品或相声也为新词语的产生提供了丰富的土壤,每年的央视春节联欢晚会都会催生一批新词语。例如"忽悠""不差钱""这是为什么呢""你太有才了""飞机中的战斗机""此处省略n个字""你摊上事儿了,你摊上大事儿了"等等。

"hold住"源于台湾的一档综艺节目,女大学生谢依霖以夸张另类的造型、英汉混杂的台词、扭捏怪诞的举止亮相,陈说在一个时尚场合如何处变不惊,提醒自己不能慌乱,要"hold住"整个场面,节目引起巨大的反响。"hold住"迅速成为海峡两岸的流行语。"hold住"的词义也不断扩大,有掌控住、保持住、管住、抓住之类的意义,还衍生出了"hold得住""hold不住"等词。

"舌尖上的××"源自于中央电视台播出的纪录片《舌尖上的中国》,展示了中国各地的美食生态和丰富多彩的饮食文化,受到观众的广泛好评。此纪录片的走红,使得"舌尖上"也受到人们的青睐,用其灵活地表达与之相关的丰富意蕴。如"舌尖上的快乐""舌尖上的爱情"等等。

图39　央视热播纪录片《舌尖上的中国》宣传图

"中国式"源自于热播电视剧《中国式离婚》,火热一时,衍生出如"中国式过马路""中国式相亲""中国式插队"等说法,以戏谑口吻议论国人的不良风气或中国社会问题,在戏谑中表达自嘲与质疑。

"元芳,你怎么看?"出自电视剧《神探狄仁杰》。狄仁杰遇到案情难解之处,时常会问副手李元芳:"元芳,你怎么看?"而李元芳的回答通常都是:"大人,此事必有蹊跷,背后必定隐藏着一个惊天的阴谋。"该句式爆红后,网友往往用其表达某种质疑、嘲讽或公开征询看法。

"躺着也中枪"原是周星驰电影《逃学威龙》中的一句台词,用来形容无缘无故地受到牵连,或被卷进是非。其缩略形式"躺中""躺枪"等也受到广大网友的青睐。

名人名言或畅销书也是新词语的来源之一。例如:"不折腾"是胡锦涛总书记在中共十一届三中全会30周年纪念会上用的一个词语,文中要求要"不动摇、不懈怠、不折腾",一时间"不折腾"这三个字即刻引发了全球的广泛关注并流行起来。"气场"的走红源自于美国心灵励志大师皮克·菲尔著的一本谈比尔·盖茨、奥巴马等世界名人超凡魅力的书,此书引进中国后书名被译成了"气场"。"气场"于是流行开来,指由气质、学识、修养等的综合表现而形成的超凡魅力。"蚁族"来源于北京大学博士廉思主编的《蚁族》一书,因其内容贴近社会生活,受到了广大读者的欢迎,书名也就自然而然地成了当年的新词语。

随着社会新事物、新现象、新概念的出现,语言不断吐故纳新。综合分析时下的新词语可以发现,其创生方式多种多样,总结起来主要有改造固有词、借用方言、创造新词、引用外来词等四个方式。

改造固有词是产生新词语的主要途径和方式。旧词新义的方式不但可以满足人们反映社会现实、表达情感及诉求的交际需要,而且符合语言的经济性原则,减轻了习得负担。改造固有词的主要方法有增加新词义和改变语法功能两种。增加新词义是指在词语原义的基础上,增加生动形象、赋予情感和现实文化意义的新词义。例如:"躲猫猫"原指捉迷藏的游戏,在相关社会事件的背景之下,成为新词语之后被用来表示讽刺相关部门隐瞒事实、暗箱操作等,增加了指责、质疑等语用义。"正能量"本是物理学名词,当下人们用其表达一种健康乐观、积极向上的动力和情感,所有积极健康的、催人奋进的、给人力量和希望的人和事,都可称为"正能量",其词义范围扩大了。

另外,一部分新词语使用了固有词语,但其语法功能发生了变化,例如:"忐忑"本来是形容词,但在龚琳娜老师演唱的《忐忑》成为"神曲"之后成为

新词语,用法也得到进一步丰富,当下演变出动词、名词等用法,如:我志忑了整整一天;结束志忑。"雷"本是表自然现象的名词,现在大为流行的"雷"变成了动词、形容词,表示受到惊吓或十分震惊。例如"被你雷得外焦里嫩""雷人""雷语"。"宅"原为指称房屋的名词,现在有了形容词、动词的词性,例如"宅男宅女""我喜欢一个人宅在家里"。另一部分新词语是从各地方言中直接提取相应词语而来的。例如:"躲猫猫"原为南方方言,"走你"起源于北方方言,"赞"源于吴方言,"山寨"源自广东话,"雄起"来自四川方言。由于大众对东北二人转和赵本山及其弟子小品的追捧,很多具有东北特色的表达也渐渐成了全社会的流行语,例如"忽悠""闹心""哦了""不差钱"等等。

除了改造固有词之外,部分新词语采取了其他方式来创造。第一,谐音造词。谐音是一种较简单的新词语创生方式,社会大众在崇尚个性、张扬个性心理的驱使下,利用原有词汇的谐音形式来表达,从而创生了一批新词语。例如,"压力山大"是取国人较为熟悉的外国人名"亚历山大"而来,前半部分谐音,后半部分暗喻,较为形象地表达了"压力像山一样大"的意义。"神马都是浮云"中的"神马"是取"什么"的谐音而来。"围脖"与时下流行的"微博"同音,一时间,"织围脖"成为广大年轻人共同的消遣、娱乐方式。除了以上被主流媒体认可的谐音新词语之外,还有部分网友创制的谐音新词语,大多出现在网络论坛、贴吧或短信中,未得到主流媒体的认同和使用,例如"偶"(我)、"童鞋"(同学)、"杯具"(悲剧)、"洗具"(喜剧)、"餐具"(惨剧)、"茶具"(差距)、"鸭梨"(压力)、"酱紫"(这样子)、"肿么"(怎么)、"鸡冻"(激动)、"斑竹"(版主)、"稀饭"(喜欢)、"可耐"(可爱)等等。除以上用谐音的汉字创生新词语之外,还存在利用阿拉伯数字谐音创造的流行语,例如"7456"(气死我了)"9494"(就是就是)"88"(拜拜)"4242"(是啊是啊)等。

第二,借形造词。此类创生方式产生的新词语较少,具有代表性的是"囧"。因它的字形有点像人的脸部,呆滞的四方脸配一个张大的嘴巴,特别是两眉向下耷拉着,形象地描绘出一副苦恼的样子。另外它的字音又与"窘"相同,于是古字今用,被赋予郁闷、无奈、尴尬之义,流行开来。

第三,复合造词。复合造词是现代汉语创生新词语的重要方式,是把两个或两个以上语素组合成一个词语单位。流行语的创生也不例外。例如,"拼爹""给力"等,都是由"动词+宾语"的形式构成,"最美××""××控""××帝""×族"等都是由"定语+中心语"构成。

第四,简称和缩写。简称和缩写也是创生新词语的方式之一,包括汉语词语的缩写和外文词语的缩写两种形式。例如,"高富帅""白富美"是对一系列择偶标准的缩略简称；"亲"是"亲爱的"的简称；"MM""WTO""3Q"等是借用英文字母的简称。

图40　复活的古文字"囧"

随着网络的普及，中国与国际政治、经济、文化等方面交流的增多，许多外来词涌入中国，部分外来词在经过汉语规则的改造之后成为时下的新词语，丰富和发展了汉语词汇系统，增强了汉语的表达能力。"卖萌"的"萌"来自于日语。日本的动漫爱好者原用"萌"形容非常喜好的事物，"萌"进入汉语之后，有了可爱、讨人喜欢等新义项。"蒙奇奇"的出现也让"萌"红透中国，出现了"萌少女""萌女郎""卖萌"等说法。"吐槽"也来源于日语，原指漫才（类似于中国的相声）里的"突っ込み"（类似相声的捧哏）。台湾把"突っ込み"译成了"吐槽"，后引申给人难堪、抬扛、掀老底等义，多用于嘲笑、讥讽、抱怨，甚至谩骂。另外，"宅男宅女"也来自日语。

新词语在广泛语言素材和社会背景之下，或旧词新用，或创生新词，或借用外来语，不管采取哪种方式，流行语的产生满足了人们不断变化的交际需求，为语言系统的进一步完善贡献了自己的一份力量。

四、新词新语的特点和价值

作为现代汉语词汇系统的一部分，新词语又不同于普通词语，它的特点有流行性、时代性、范围有限、年轻态等。

新词语的流行性是指在一段时间内在某一地区、某一群体内很流行、被广泛使用。新词语是在被广泛传播、使用的基础上产生的，因此，流行性是新词语的形成前提和本质特征。部分热门社会事件在一段时间内受到社会大众的广泛关注，由此创生出的新词语具有流行性。新词语的流行性也体现在在选用表达方式时，相较于其他相同语义的表达方式，新词语表现出使用频率上的高频性。相较于"不缺钱"等表达方式，人们更喜欢用"不差钱"，让交际过程更诙谐幽默。新词语是伴随时代、社会的发展而产生的,因此,新词语势必具有时代性,反映特定时代背景下的社会热点、流行趋势、大众心理、语言风格等。新词语的时代性表现在:一方面反映出它所处时代的特点;另一方面,部分新词语具有时限性,随着时代的发展,会失去流行性,甚至消失。

目前,我国还处于社会主义初级阶段,仍存在诸多社会问题,"蚁族""蜗居""被就业""山寨"等都是我们目前社会所存在的问题;"甄嬛体""TVB体""非诚勿扰"等反映了公众时下在影视、娱乐等方面的审美取向;"神马都是浮云""童鞋""杯具"等反映了时下公众自由、随意的语言风格。这些都是新词语对当下时代特点的真实写照。但并不是所有新词语都可以进入现代汉语词汇系统,保存下来并长期被公众使用,部分新词语随着时代的发展,会慢慢退出流行领域,甚至消失。例如"给力""山寨""潜规则"等词得到大众的广泛认可,已收入《现代汉语词典》(第六版)。但部分由社会热点事件而来的新词语,随着社会事件热度的消失,其流行性也会消失,如"文革"时期的热词"破四旧""造反派"等等,在时下交际中已很少被提及。再如,大部分谐音词,如"鸡冻"(激动)、"稀饭"(喜欢)、"可耐"(可爱)等等,也会随时代的发展而渐渐被淡忘,以免因其大范围使用而导致语言系统的混乱。新词语的流行性是相对而言的,并不是所有新词语都在全社会范围内的各个领域被高频使用,部分新词语有其自己的流行范围。"给力""正能量""囧"等新词语的使用范围较大,除在公众的日常交际中出现外,主流媒体也大量使用。一些新词语只是在大学校园或中学校园中被广泛使用,反映学生校园生活,如"特困生""裸考""老板""I服了you"等等,但在校园之外其流行性并不高,被称为校园新词语。再如,部分谐音词,如"偶""筒子们""鸡冻""矮油""可耐"等,大多流行于网络论坛、贴吧或手机短信中,在日常交际或主流媒体中流行程度也不高,但在学生之间使用的频率还是有的。

除了在使用范围上有所不同之外,新词语在使用者的年龄上也有自己的特点,大部分新词语多在年轻人中间传播、流行。目前,社会对年轻人的要求越来越高,学习压力逐渐加大,大学毕业之后在现实生活中挫折、烦恼增多,网络等媒介成为年轻人娱乐休闲、宣泄不满的最佳场所。由于年轻人接受新事物、新概念的能力较强,追求新颖、时尚,成为网络论坛、贴吧等传播媒介的主要参与人群。因此,相较于其他年龄阶段的人,年轻人成为新词语最大的创造、吸收和传播群体,新词语在年轻人中的受欢迎程度、使用频率更高。

新词语是语言系统应时代发展、交际需求而进行的自我完善和发展，它的产生不仅仅进一步优化了语言系统，更重要的是其自身拥有重要的社会价值。它彰显了时代特征，反映了人们的心理诉求，对于人类社会的健康发展有着重要的指向标作用。语言只有随着社会、时代的发展不断完善自己才能时刻保持新鲜活力，更好地发挥自己的交际功能。新词语的产生正是语言不断完善的有力表现，它为我们提供了大量的生动词语和语录，丰富了我们的语言系统，帮助我们更加顺畅、高效地表达自己的想法和情感。

新词语为人们提供了更贴切的表达方式，有利于交际的顺畅，帮助社会大众抒发和宣泄自己的感情。例如："山寨""高富帅""反正我是信了""蚁族""蜗居"等很形象地描写了相关社会现象；"纠结""悲催""坑爹"等，人们用其表达自己的情感，带有调侃或宣泄的意味。另外，一批新词语由于其自身有较强的组合能力，从而衍生出另外一批新词语。"裸"字词义丰富，衍生出了"裸考""裸婚""裸奔""裸捐""裸局"等词；由"帝"衍生出"数钱帝""表情帝""体操帝""贺岁帝"等表达；"控"衍生出了"长发控""微博控""围巾控""妹控""手机控"等表达。

因为新词新语的产生与社会大众的某种心理诉求密不可分，使得新词语与普通的词语有一定差异：其往往带有较复杂的感情色彩意义，多带有调侃的意味。例如，"拼爹""躲猫猫""欺实马""被就业""反正我信了"等含有贬义色彩，意在表达自己对相应社会现象的质疑和不满，具有调侃和宣泄内心情感的意义。再如，"亲""给力""最美××""赞"等具有褒义色彩，意在传递正能量。

新词新语是伴随社会的发展而产生的，从其流行度我们可以清晰地洞察到社会大众所关注的社会生活及其心理动态，同时也反映出社会中的丑恶现象并加以鞭挞。目前社会仍存在很多不公平、应批判改正的社会现象，无论是调侃、玩味、反讽，还是直接批判，从社会大众的新词语中，我们可以窥探出公众的思想、心态和生活状态。例如，"楼脆脆""70码""范跑跑""躲猫猫""拼爹""被就业"等是对社会中需进一步关注、改正的社会事件的描述，期望引起社会各界广泛关注并进一步完善；"蜗居""蚁族""山寨""宅男宅女""80后""裸婚""低碳"等是对热门社会现象的描述；"hold住""打酱油""非诚勿扰""相当的""躺着也中枪"等是对网络媒体或影视作品热词的引用，反映了社会大众偏娱乐化、世俗化的文化氛围和公众调侃、从众的心理。

新词新语的流行使部分社会事件迅速成为全国热门话题，很多丑恶的社会现象不得不被放在公众的面前接受评判。通过新词新语这面镜子，以大众的这些情绪和问题作为出发点,社会各界可以鞭挞丑恶社会现象,竭力为群众排忧解难,解决社会中出现的问题。公众在使用非常流行的新词语表达自己的想法、意愿时,新词语已不再是一个单纯的表达方式,而是一个意味深长的符号,它包含了公众对社会事件的诉求和意愿,传递了公众猜测、质疑、嘲讽、愤怒、同情、失望等等情愫,成为公众宣泄自己情绪的渠道。例如,"欺实马""钓鱼"讽刺了警方不负责任、隐瞒欺众的言论和行为,给予相关部门很大的舆论压力,促使其公正执法、透明执法、文明执法。"中国式××"调侃国人存在的陋习或中国社会问题,如"中国式过马路"等。"被就业"讽刺了部分大学毕业生在不知情的情况下由学校签订"就业协议书",表示自己意志遭到强迫。以上因社会事件产生的新词语大都表达了公众对相关事件的不满、质疑,甚至是批判,其之所以能迅速传播并词语化,都得益于公众内心渴望获知事件真相的心情是共通的,社会大众都在呼吁一个公开、透明的社会氛围。网友的接力传播不仅表达了他们对相关事件的看法,宣泄内心的情绪,同时也展示了渴望真相、渴望社会进步的诉求。

除了宣泄公众内心不满、质疑情绪的新词语之外,还存在诸多传递正能量的新词语,它们让大众在面对各种社会问题时,仍坚信正能量,坚信社会美好的存在,传递着健康的生活方式和心态,呼吁大家理性看待和对待社会问题,制止情绪消极和情绪偏激,制止盲目从众和跟风,让社会拥有更良好的风貌,促进社会和谐和进步。例如"接地气""不折腾""不抛弃不放弃""给力""最美××"等等,都在社会中传递着正能量,让公众树立健康的生活心态和方式,引导社会各界为共同营造良好社会氛围而努力。

同时,新词语现在也成为社会大众生活娱乐的一剂调味料。例如,"忽悠""不差钱""得瑟""伤不起""非诚勿扰"等,增强了交际过程的趣味性,让人们在交际中拥有愉悦的心情。更有一批"太有才"的网友凭借自己的智慧,不仅娱乐自己,也娱乐了大众,如以下几个段子:

"甄嬛体":"咦,你今儿买的蛋糕是极好的,厚重的芝士配上浓郁的慕斯,是最好不过的了。我愿多品几口,虽会体态渐腴,倒也不负恩泽。"

"说人话。"

"蛋糕真好吃,我还要再吃一块……"

"TVB体":"呐,其实相亲这种事情呢,最要紧的就是开心。能不能成功呢,是不能强求的。呐,相亲遇到衰哥(恐龙)呢,也不要太伤心,发生这种事情呢,大家都不想的。呐,饿不饿? 我给你煮碗面……

语言和文化是密不可分的,大量新词语是伴随着社会文化的发展轨迹而萌生并发展的,新词新语势必成为社会文化的一个载体,展现当下影响公众的主流文化和大众文化。不同于传统的正统文化,在媒介形式日益丰富、信息传播越来越迅捷的社会背景下,"草根文化""民间文化"不断兴起,创生了大量新词语,同时,新词新语也反映了当下娱乐化、世俗化的文化氛围,是各种新兴人群人生态度、地位处境的写照。

基于当下网络的广泛普及,网络已成为社会大众必不可少的娱乐、休闲工具,网民数量与日俱增,网络媒体也成为产生流行语的重要阵地,很多新词新语直接来自网络事件或借其传播的热门影视作品。如"不抛弃不放弃""额滴神啊""非诚勿扰""秒杀""神马都是浮云"等等,其中不乏调侃的意味。这些网络新词新语的出现反映了大众文化的娱乐性、世俗性。再如,"山寨"负载了仿造、劣质、草根、进取等文化意味,在不同的语境呈现出不同的流行意义。如"山寨手机"指厂家的非正规性;"山寨明星"着眼于对明星的模仿,强调草根性;"山寨礼服"着眼于复制性。"正能量""给力""不抛弃不放弃"等,反映了社会中积极向上、锐意进取的精神,虽然面对"蚁族""蜗居""被就业"等问题,但是年轻一代仍胸怀理性,充满活力,反映了大众文化中积极奋进的一面。

通过对新词新语各方面的研究我们知道,新词新语已经成为传达公众心理状态的一个重要渠道。其中既彰显了积极向上的精神,也反映了公众不满、担忧、失望等情绪状况,但我们坚信,积极向上是新时代中国社会的主流文化。因此,我们必须通过新词新语这面镜子,积极解决其所反映的社会问题,加强公众的情绪疏导和思想引导,不能让一部分人或群体的不良风气、不良习惯影响了整个社会的舆论导向和前进方向。各路媒体应充分发挥自身的作用,积极引导,既及时地报道不良社会问题,又把握主流文化的方向,营造自由、健康的社会舆论氛围。同时,对于由谐音而形成的新词语,如"偶""酱紫""有木有""童鞋"等,主流媒体应尽量避免使用,限制其使用范围,加强规范力度,以免引起语言系统内部的混乱。

每个时代都有自己的新词新语,并随时代的发展或进入词汇系统,或销声匿迹。殊不知,我们现在使用的某些表达方式正是前人喜闻乐见的新词新语,而我们目前使用的部分新词新语将失去其流行性,转为后人日常交际中的普通表达方式。不管新词语何去何从,它都为我们的日常生活带来了新意,让我们的生活更加丰富多姿,尽情抒发自己的情感,记载时代的印记。

文化深邃的楹联

穿行在现代化的都市,犹如走进了《清明上河图》,只是昔日的繁华,历经千年,改变了表达方式。熙熙攘攘的人流换成了浩浩荡荡的车流,热热闹闹的临街商铺变成了鳞次栉比的高楼商厦……一切都换了模样。不过,也有很多不变的传统。春节期间,满城不管是商厦,还是民居,大大小小的门上无一例外都贴上了红红的春联。让人不禁感慨,虽然过了上千年,旧貌换了新颜,但有些东西却一直没变。

春联,楹联的一种。楹联也叫对联、对仗,是悬挂或粘贴在墙壁或楹柱上的联语。楹联是国人喜闻乐见的一种文学形式,它对仗工巧、音律和谐、朗朗上口,或抒情、或言志、或赞美、或贬低,可励志、可警世……短短两句蕴含着无穷魅力,独特的上下联方式更是让很多人为了为一些绝妙的独对寻找下联费尽心思。楹联是语言艺术的一种表现,是中华民族独有的文学艺术奇葩。并且它与书法、雕刻艺术紧密结合,是中华民族的文化瑰宝。

楹联来源于我国古代民间悬挂的桃符,这是目前学术界的一致认识。"桃符"在古时是悬挂在大门两旁的长条形的木板。悬挂桃符的习俗来源甚古,秦汉以前我国民间就有挂桃梗于门以辟邪的习俗了,这种风俗后来发生了变化,不再是把桃木做成"神荼""郁垒"二神的形状,而是直接悬挂桃木板,桃木板上刻着"神荼""郁垒"二字。桃符虽然是楹联的来源,但桃符本身并不能称为最早的楹联,因为楹联是有体制、书体、款识及文字对仗、平仄等要求的,这些标准桃符都不具备。

相较于楹联的起源,楹联的具体产生时间并没有达成共识。关于其产生的时间,其中比较有代表性的观点如下:

1.五代说。这种观点在学术界的认可度很高,代表人物是清代的梁章钜。梁章钜在他的《楹联丛话》一书中,秉承了他的老师纪昀的思想,认为楹联起源于五代后蜀主孟昶,孟昶所作的春联"新年纳余庆,佳节号长春"被认为是我国传世最早的春联。

2.晋代说。这种说法源于《晋书·陆云传》的记载,陆云与荀隐结识时自报家门:"云间陆士龙。"荀隐对曰:"旧下荀鸣鹤。"[1]但这种说法认可度比较低,被认为太过牵强,只是偶然的对仗话语,用来自名身份。

3.南朝梁代说。这种说法的支持者是谭嗣同,他认为梁代刘孝绰与其三妹的对诗"闭门罢庆吊,高卧谢公卿"与"落花扫仍合,丛兰摘复生"是最早的联语,因为这两句诗对仗工整,而且还题在门上。对于这种观点,也有人不赞同,认为这两句句脚并不是一平一仄而是互相押韵,是一首诗,并不是楹联。

4.唐代说。唐代说的提出者是敦煌研究院研究员谭婵雪,提出的依据是敦煌莫高窟中出土的敦煌遗书。遗书中斯坦因劫经第0610卷的背面有这样的文句:"三阳始布,四序初开。福庆初新,寿禄延长。"谭婵雪认为这是我国迄今为止保存最早的楹联,这一说法将楹联的起源时间较五代起源说提前了240年。

图41　桃符

关于这四种看法,也有人从楹联的文化功能与社会意义等方面入手,首先否定了晋代说和南朝梁代说,而认为唐代说比较有说服力。

楹联起源的时间虽然没有定论,但楹联发展的基本脉络却是比较清晰的。

---

[1]〔唐〕房玄龄等:《晋书·陆云传》,北京:中华书局,2008年。

成熟的对联形式定型于唐以后的五代时期，距今约1100年。实质上，对联是从我国古代的格律诗中的对偶句演化而来的。

　　早在《诗经》《易经》《道德经》里，就有过类似联语的句子，如："昔我往矣，杨柳依依；今我来思，雨雪霏霏"（《诗经·采薇》），"仁者见之谓之仁，智者见之谓之智"（《易经·系辞》），"道可道非常道，名可名非常名"（《道德经》）。在《论语》《孟子》等书中也有不少对偶的句子。这些句子，以及汉赋和魏晋南北朝时期的骈文，都孕育着律诗的对仗雏形，只是并未被人们当联语运用。到唐朝中晚期，律诗的对仗更讲究，到了五代时期，对联便正式登上了艺术舞台。宋代，民间新年悬挂对联已经相当普遍了，王安石的诗《元日》写的"千门万户曈曈日，总把新桃换旧符"，就是说当时张贴春联的热闹情景；苏东坡也在王文甫家题了门联："门深要容千骑入，堂阔不觉百男喧"。只是这个时候，春联这个名字还没有出现，还是被称为"桃符"。

　　到了明代，由于太祖朱元璋的极力推崇，新春制作门联的风习开始广泛推行。"春联"这个名字据说也是朱元璋发明的。明代陈云瞻《簪云楼杂话》记载，朱元璋十分喜欢对联，建都南京后，有一年除夕突然颁布圣旨："公卿士庶家，门上须加春联一副。"据传，为了考察民间张贴春联的情况，他还特意在大年初一微服私访，结果发现有一家店铺没有贴春联，店主是以阉猪为业的生意人，不识字也没找人写春联，结果朱元璋当场给他家写了一副春联："双手劈开生死路；一刀割断是非根。"写完后，朱元璋回了皇宫，后来沿街复查时，看到这家仍然没有贴春联，朱元璋暗自恼怒，进屋责问何故。这家人一见写春联的又来了，跪在地上三呼"万岁"，说道："您走后，才知道这是皇帝亲笔御书，所以，将您写的春联挂在正屋，焚香祝圣也。"朱元璋听后，转怒为喜，命令随从立即赏赐白银三十两。

　　清代的楹联创作进入到了一个鼎盛时期，受到文人豪士的青睐、王公贵族的推崇、普通民众的热爱，它雅俗共赏，迅速跻身为社会主流文学创作体式。台湾著名学者南怀瑾曾说："中国文化在文学的境界上，有一个演变发展的程序，大体的情形是所谓汉文、唐诗、宋词、元曲、明小说，到了清朝，我认为是对联。"①

　　从对联的产生、发展的轨迹来看，它和诗、词、歌、赋是同源异形的兄弟，最早脱胎于诗歌的摘句，渐渐吸收其他文体的养分成为一种独立的文体；其创作者也从文士渐渐扩大到普通群众，渐渐与民俗联姻，扩大到生活的各个层面。皇宫魏阙、名山胜地、古刹园林、鼓楼牌坊、庙祠神龛、民间宅第、戏台

　　①练性乾编：《南怀瑾谈历史与人生》，上海：复旦大学出版社，1995年。

楼门、茶座酒肆等,处处可见对联踪影,节日盛会、婚丧嫁娶等场合,对联都不可或缺,成为中国民俗文化中一道独特灿烂的景观。

而且,与很多其他的艺术不同,楹联文化是一种既有广度又有深度的文化,既可以"阳春白雪",又可以"下里巴人"。创作者有饱学之士,也有农民工匠,上可至皇帝大臣,下可至平民百姓,可以说是博大精深、雅俗共赏。

"南通州,北通州,南北通州通南北"是乾隆皇帝南巡时在江苏通州时想起北京城附近的通州妙手而得的一联。欲得下联,遍考群臣,只有纪晓岚见到街头挂着"当"字大招牌的当铺,灵机一动得了下联:"东当铺,西当铺,东西当铺当东西。"

民间也有很多巧对,生活味道浓厚。有一则有关戒烟的故事。有一对夫妻,丈夫嗜烟成瘾,妻子屡劝不止,她知道丈夫很喜欢写对联,于是这位有才的妻子就写了一个上联劝诫丈夫:

"张口闭眼,喷烟吐雾,谁家男人似你那烧火先生。"

丈夫一听,知道妻子在奚落自己,立马反击了:

"搬嘴弄舌,说风道雨,哪个女子像我这泼水夫人!"

妻子知道丈夫执迷不悟,随即又写了一首叠字联:"根根柱柱,抽抽扔扔,手手丢掉人民币;丝丝缕缕,吸吸吐吐,口口吞咽尼古丁。"

后来,这位男子下定决心戒烟,他也写了一副拆字联自勉自警:"信是人言,本应取信于人,必当言而有信;烟乃火因,常见吸烟起火,务须从此戒烟。"

像这样的楹联故事,我们可以找到很多,由此可以了解到楹联文化的源远流长。小小的楹联已经深深地扎根于我们的生活,在我们的生活中处处可见,可以说是我们生活的一部分,也是我们了解中国传统文化的一个窗口。透过这个窗口我们可以窥见久远之前那一个个鲜活的人物、动人的故事,可以更好地体会那些人、那些故事背后所蕴含的民俗。

楹联作为一种大众艺术,它处处可见,并且各有名号。春节时门前贴的那是春联;结婚时贴的那是喜联;给人祝寿的,是寿联;贴在戏台两边的,是戏联;有人辞世,送去的是挽联;开业庆典,书写的是行业联;去喝茶,茶馆门口有茶联……

经过千年的磨砺和沉淀,楹联发展到今天,已经成为一门种类繁多、数量庞大的艺术。要对其分类,殊为不易。分类的依据不同,得出的类别也会不同。从其内容和作用来分,大致可以分为:庆喜类、悲挽类、装饰类、行业类、其他类等等。按写作方法和上下联的关系,又可分为三种,即正对、反

对、流水对。如果以其出现的场合来划分,也可分为学苑联、官署联、居家联、名胜联、商铺联、寺庙联、墓祠联……因篇幅有限,不能逐一细谈,这里就以城市中常见的一些种类略做介绍。

一、学苑联

国人历来重视教育,早就有"少小须勤学,文章可立身""万般皆下品,惟有读书高"的说法。虽然这种说法有其偏颇之处,但这种理念已深植于广大国人心中。从早期的私塾,到后来的学院,再到现今的学校,不同的教学之所,相同的教学之道。学院是文化的传承地,也是都市里最具人文气息的地方,这一点从学院门前的楹联可见一斑。

说到学校,不能不提至圣先师——孔子。作为伟大的思想家、教育家,儒家思想的创始人,孔子对国人的影响可谓是深远至极。这点从各地孔庙尤其是孔子老家曲阜孔庙可见一斑。

曲阜孔庙大成殿上有这样一联:"气备四时,与天地日月鬼神合其德;教垂万世,继尧舜禹汤文武人之师。"此联将孔子与天地日月鬼神、尧舜禹汤文武并称,尊其为万世师表、道德之尊。

图42　曲阜孔庙大成殿

前上房门柱上又有一联:"居家当思,清内外、别尊卑、重勤俭、择朋友,有益于己;处世尤宜,慎言语、守礼法、远小人、亲君子,无愧于心。"这是孔子七十三代孙孔庆镕所题,联语平易近人,道尽做人之理,谆谆教诲,历历在耳。"君家白鹿洞,闻道亦生苔。"白鹿洞书院是我国古代最负盛名的高等学府,被誉为"天下书院之首""海内书院第一",是历代文人学子景仰的"圣域贤关"。书院历史悠久,影响深远,历朝文士雅客流连于此,写下大量名联佳句。

图43 白鹿洞书院正学门

“诏有格言，求真才于正学；教无异术，体至理于常行。”此联为明代邵宝题书院文会堂，今由陈尚秋补书嵌于礼圣门外柱。联语简明扼要，点出教学之道。内门柱联是：“古往今来，先圣后贤同脉络；天高地下，四时百物共流行。”联语蕴意深刻，令人回味无穷。

坐落在湖南长沙南岳七十二峰最末一峰的岳麓山脚，“纳于名山，藏于大麓”兼得山水之美的岳麓书院大门前有一联：“惟楚有才，于斯为盛。”强烈的自信彰显无疑。

图44 岳麓书院正门

葱郁翠绿的嵩山腰间，静静地横卧着嵩阳书院，它背靠峻极峰，面对双溪河，门前一联：“近四旁惟中央，统泰华衡恒四塞关河拱神岳；历九朝为都会，包伊瀍洛涧三台风雨作高山。”读之一股博大浩然之气扑面而来。

商丘旧城州之东，繁华闹市之中，"先天下之忧而忧，后天下之乐而乐"的范仲淹讲学之地，开启五代之学风的应天书院门前有联为："应天始兴学书院冠华夏；学子频中第俊才擎宋廷。"自信的联语中隐隐透出应天书院当时的"霸主"地位。

上述四大书院在华夏大地熠熠生辉，永远是读书人的一片梦想之地！但更有众多其他书院，亦不弱于此。享有"天下言正学者首东林"之美誉的东林书院依庸堂中，挂着东林领袖明代思想家顾宪成所撰的"风声雨声读书声声声入耳；家事国事天下事事事关心"一联，这副胸怀远大抱负之名联已被广为传诵，成为许多学人、志士的共同心声和座右铭。其倡"实学以救世"、视"天下为己任"的东林精神延绵四百余年而生生不息，万世流芳。

书院联的另一个主题便是宣扬自家的学派源流及办学思想，教导学习方法。如广东著名的广雅书院，开张之日张之洞亲自为书院无邪堂撰联云："尊其所闻，行其所知，合岭南东道岭南西道人才，互为师友；博我以文，约我以礼，会汉儒经学宋儒理学宗旨，同造圣贤。"又为礼堂题联云："虽富贵不易其心，虽贫贱不移其行；以通经学古为高，以救时行道为贤。"两副对联可用作广雅书院的"教学大纲"了。

到了近代，虽然教育的精神和传统始终不变，但较之以前，教育的方式、方法和内容都有了很多变革，读书上学也不再是少数人的事情，而是每个人成长的必经之路。而要完成这种普及教育，大量的教师必不可少，于是专门培养教师的师范学校就水到渠成大量出现。及至新中国，教育事业更是得到了极大发展，全国每个省市几乎都有师范学校。

但这么多的师范学校，无一例外都有这样一联："学高为师，身正为范"，是为师范。这一联是"捧着一颗心来，不带半根草去"的中国人民教育家、思想家陶行知先生的名言，也是对众多师范学校的最好注解。

图45 某师范学校校训

在现代,教育是关乎国计民生的大事,国家对教育的重视从这些对联中可见一斑:"百年大计;教育为本""事业成败缘知识;国家兴衰系教育""社会发展,教育先行;教育振兴,全民有责"……

但随着教育的普及,教育资源与教学人数的问题随之浮现,从幼儿园开始,到升大学,升学成了众多教师、家长以及学生心中的头等大事。

"六百俊才,多少风雨,多少汗水,喜看今朝结硕果;九年寒窗,无限憧憬,无限希冀,期盼明天成大器。"

"卧虎藏龙地,豪气干云,秣马厉兵,锋芒尽露;披星戴月时,书香盈耳,含英咀华,学业必成。"

"砺志报亲,拼十年寒窗,挑灯苦读不畏难;笑书人生,携双亲期盼,背水勇战定夺魁。"

"意气风发,时光如梭,看我少年学子六月追风去;风华正茂,云帆直挂,令那美丽人生明朝入眼来。"

一副副充满豪情和激情的楹联既是对学子的激励,也代表着家长和老师们的期盼。

考进大学,对很多学生来说,多年的辛苦得到了回报。但大学不是终点,很多大学的校训也在不断强调这一点。校训是学校观念文化的最高体现和概括,它昭示了一所学校的办学指导思想、办学宗旨和追求,对学校师生员工起着一种潜移默化、陶冶情操的教育功能和无形的鞭策激励作用,也称得上是一副对联。我们来看看中国一些大学的校训:

山东大学:气有浩然,学无止境。

复旦大学:博学而笃志,切问而近思。

苏州大学:养天地正气,法古今完人。

北京师范大学:学为人师,行为世范。

西北师范大学:知术欲圆,行止须直。

西南交通大学:精勤求学,敦笃励志;果毅力行,忠恕任事。

燕山大学:厚德树人,博学济世。

东北林业大学:学参天地,德合自然。

……

二、官署联

城市作为地区政治中心,官方机构必不可少,这些官方机构往往都会挂上一些楹联,一般称之为官署联。

官署衙门贴楹联,据说起于宋朝。到了明清两代,大小衙门题联之风大

盛,许多官员将题联作为雅事。因此,官署联逐渐发展成为对联的一种,又称廨联。这类对联多有施政演说的味道。因官员的处世态度不同,所撰楹联内容也迥然不同。有装点门面的,有沽名钓誉的,也有警世言志的。

南宋大臣余玠,晚年官拜兵部尚书、资政殿学士。那时蜀地是个老大难地区,宋神宗特派他任安抚制置使,兼有军政大权。他一到重庆,就在行署大门自题对联:"一柱擎天头势重;十年踏地脚根牢。"门楣是:"靠实功夫"。表明脚踏实地治好全境的决心。

不少官吏,出身低微,一旦出任地方官后,尚能体会百姓疾苦。如北京庆元县令吕月沧少时家贫,随父颠沛流离,每每寄人篱下,受尽欺负,对下层贫民生活体会尤深。后来发愤读书,功成名就,做了一县之长。上任后他写了一联贴在大堂:"我也曾为冤枉痛入心来,敢糊涂忘了当日;汝不必逞机谋争个胜去,看终究害着自家。"此联发自肺腑,用语朴实,但却寓意深刻,足以自勉并警示后人。

人们知道,在旧社会,几乎无官不贪。"衙门口朝南开,有理无钱莫进来""三年清知府,十万雪花银",便是旧官衙的真实写照。一部中国古代官史,几乎是一部贪官史,这是封建制度使然。不少官吏撰写对联,言不由衷。清嘉庆举子陈文述中举后外放江都做县令,初到任上也曾题一联:"勤补拙,俭养廉,更无暇馈问迎送,来往宾朋须谅我;让化净,诚去伪,敬以告父兄耆老,教诲子弟各成人。"但见史载,陈文述完全是个伪君子,其做官为人刚好相反,遗臭万年,令人嗤笑。

在封建官僚制度下,官僚集团始终信奉的原则只有一条:"富贵必因奸巧得,功名全仗邓通成。"这是封建制度无法改变的普遍规律。相传有个贪官为害乡里,百姓甚为憎恶。年关将近,贪官在衙门上自题一联:"爱民若子;执法如山。"百姓看后,偷偷在上下联各添一句,变成"爱民若子,金子银子皆吾子;执法如山,钱山靠山都是山",活活勾画出一副丑恶的贪官嘴脸。这尽管是个传说,但却表明了百姓的态度,可见公道自在人心。

及至近代,社会的发展让官府机构也有了重大变化,不再是父母官一肩挑,分出了许多承担不同职能的政府部门。这些政府机构大门口依然会有楹联,但不再像之前那样带有浓厚个人色彩,更多的是表述本机构的述求和职责。

"寅继丑业,加快建设步伐,让祖国流金溢彩;虎承牛志,鼓足振兴劲头,令家乡锦上添花。"这是四川南溪县政府某一年在大门外贴的一副楹联,联语平实易懂,既提出了新一年的工作目标,也表述了县政府的职责。

再看淮北市委书记亲自书写的贴在淮北市行政中心大门上的一副楹联："相山花山龙脊山山山相连;东湖南湖化家湖湖湖贯通",不仅为全市人民红红火火过大年营造出了一个健康向上、欢乐祥和的新春节日氛围,传递着新春的祝福,同时,也寓意着淮北市的文明创建工作明天会更好。

图46　2011年淮北市行政中心大门春联

上面两联是统管一地工作的政府大门楹联,表现的是对行政工作的全面概述。具体到职能部门,楹联又是各有风格:"头顶国徽,身穿法袍,人民法官端坐七尺审判台,明察秋毫;心系人民,肩托天平,热血儿女伏案五更寒暑夜,公正司法。""国法家法、国家律法,理当奉国家利益至上,依法行天下实属法治之路;大官小官、大小法官,均应以百姓之事为重,无官一身轻决非为官之道。"这二联是法院所贴,表达了立法为公、执法为民的立场和责任。

"深藏瑞气,爱民之心长存,公正执法为本,法庭公诉雄辩、反贪出击重拳、民行抗诉立案,政治工作在前,扬威立检从今始;圳怀吉祥,为政之德多修,热情服务是责,申诉控告接访、渎职侵权高压、监所巡仓维权,综合保障于后,秋毫明察自我来。"这是深圳市龙岗区检察院所作的一副佳联,上下联的第一个字隐藏着地名,全联既点出了检察院的重要工作,又表明了立检为公的决心。

类似的还有如税务局的楹联:"办税持忠,纳税持诚,怀抱忠诚强国脉;取财有法,用财有度,心存法度益民生。"

巴东公安局的楹联:"立警秉公,庄严使命,铸就忠诚卫士;执法为民,神圣职责,构建平安巴东。"

图47　湖北恩施巴东县公安局大门

三、居家联

学苑联、官署联的主要目的比较明确,比较正式,使用地方特定。但家家均可使用的家居联,则是楹联运用最广泛、最常见、最有影响力的一类。按照其内容和作用来分,大致又可以分为:春联、婚嫁联、节日联、致挽联、宅第联等。

1.春联

自从明太祖朱元璋亲提春联,对联便和中国最重要的传统节日——春节紧紧地连在了一起,从此成为风俗的一部分。每逢春节,贴春联是民间庆祝春节的第一件事情。每当春节将近,家家户户都在大门两边贴上崭新的春联,红底黑字,稳重而鲜艳,表达一家一户新年的美好愿望,也给大街小巷增添了不少喜庆之色。所以,若说楹联的主流,非春联莫属。

贴春联是要寄托某种祈望和祝福,图的就是一个喜庆,故春联必须是充满祝福、吉利、祥和之联。

如,"国兴旺家兴旺国家兴旺;老平安少平安老少平安。""爆竹声声辞旧岁;红梅朵朵迎新春。""火树银花醉良宵,莺歌动地;国泰民安逢盛世,牛气冲天。"

图48　居家春联

　　关于春联,有很多趣事,比如说王羲之妙书春联。东晋书法家王羲之有一年从山东老家移居浙江绍兴。正值年终岁尾,于是王羲之写了一副春联贴于大门两侧。对联是:"春风春雨春色,新年新岁新景。"可没想到因为王羲之书法盖世,此联一贴出,就被人趁夜揭走了。王羲之也不生气,又提笔写了一副:"莺啼北星,燕语南郊。"谁知又被人揭走了。可是这天已经是除夕,第二天就是大年初一,左邻右舍家家户户都贴上了春联,唯独王家门前空空,急得王夫人直催丈夫想个办法。王羲之想了想,微微一笑,又提笔写了一副,写完后让家人先将对联剪去一截,把上半截先贴于门上,曰:"福无双至,祸不单行。"夜间果然又有书法爱好者来偷揭。可在月色下一看,这副对联写得太不吉利,虽然王羲之是书法大家,可也不能将这样充满凶险预言的对联拿回家啊。偷揭的人只好叹口气,走了。初一早晨天刚亮,王羲之亲自出门将昨天剪下的下半截分别粘好。此时已有不少人围观,大家一看,对联变成了"福无双至今朝至,祸不单行昨夜行"。众人看了,齐声喝彩,拍手称妙。

　　再说祝枝山春联骂财主。明朝书画家祝枝山,与唐伯虎、文徵明、周文宾齐名,被誉为"江南四大才子"。祝枝山疾恶如仇,常常替平民百姓说话。

　　有年除夕,有个姓钱的财主请祝枝山写春联。祝枝山寻思:这个财主平日搜刮乡里,欺压百姓,今日既然找上门来,我得替百姓出口气,骂他一下。

　　他到了财主家,吩咐书童在财主的大门和二门上贴好红纸,提笔写了两

副春联："明日逢春好不晦气；终年倒运少有余财。""此地安能居住；其人好不悲伤。"

钱财主看后气坏了，赶忙叫人取下春联，拉着祝枝山跑到县衙，要县令替他做主平冤，想趁机打压一下这位大才子的傲气。

县令问道："别人好心请你写春联，你为何写春联骂他？"

祝枝山笑着回答说："大人错了。我乃一介书生，无权无势，岂敢骂人？我写的全是吉庆的话呀！"

钱财主听后顿足捶胸，大吵大叫："有这样吉庆的话吗？大人您听，'明日逢春，好不晦气；终年倒运，少有余财。'还有，'此地，安能居住？其人，好不悲伤！'"

祝枝山听后哈哈大笑，取笑财主说："钱财主，你真是自找没趣，哪能这样断句呢！你听我念：'明日逢春好，不晦气；终年倒运少，有余财。''此地安，能居住；其人好，不悲伤。'"

县令听后如梦初醒，呵斥财主道："只怪你不学无术！还不赶快给祝先生赔罪！"

钱财主哑巴吃黄连，只好连连道歉，祝枝山哈哈大笑，扬长而去。

春联，本是人们表示喜庆，抒发抱负情怀的一种形式。过去，大多数春联写的都是发财、好运之类的内容，但是现在随着人们生活水平的提高，城市居民关心的事多了起来，眼光较之以前更加宽广了。

我们看看这副对联："都市花园花烂漫；人文福地福无疆。"这是重庆市某区的一副对联，"都市花园""人文福地"是今后该区发展的大方向，该区将注重森林城市的建设、生态环境的打造，让其成为真正的"后花园"。

再看这副对联的上联："巴渝宝地，马王旧址，义渡文化，香飘四方，生活品质之城、新兴产业之区，奏响转型发展盛世华章，大渡口，大有所为。"一位张先生的下联是："赤县神州，京都故园，江南春秋，民播八面，文明礼仪之邦、后起科技之星，吹起导向进步强国号角，中华魂，中流砥柱。"

在中国对联网上，有这么一副对联："胡总关怀开画卷；温公落泪润民心。"横批："大爱无疆"。这是"五一二"地震后，几个书画家到地震灾区考察体验生活时，在一条湍急小河旁的小屋子门口见到的一副春联。

2.婚嫁联

婚嫁联内容多为夫妇宴尔新婚，互敬互爱、琴瑟和谐、白头偕老等吉祥之语，如"日丽风和门庭有喜；月圆花好家室咸宜""鸾凤和鸣昌百世；鸳鸯合好庆三春"等等。

关于婚嫁联,也有一则有趣的故事。据说,苏东坡的妹妹苏小妹,是有名的才女,花烛之夜,她紧闭洞房门,出了三道题,让秦少游在外面答。其中第三道题是一个上联:"闭门推出窗前月"。秦观初不在意,仔细一琢磨,却为难了,在洞房门前苦苦徘徊多时,也对不好。这时,苏东坡知道了此事,想提示少游,又不好开口,便急中生智,捡起一颗石子,投入天井的鱼缸中。秦观听见投石击水的声音,立即触景生情,对出下句:"投石冲开水底天"。小妹这才让丫鬟开门,将少游迎入洞房。

图49　婚嫁联

现在婚嫁联内容不断翻新,除了吉祥之辞,有人还将新郎、新娘的年龄、姓名、职业、恋爱过程融入或嵌入联句之中。

比如,英文老师和数学老师结婚,学生送给他们的对联,上联是"1234567",下联是"ABCDEFG"。横批:"OK"。

两位数学老师结婚,大家赠联:"恋爱自由无三角;人生幸福有几何。""三角"和"几何"两个数学名词嵌入对联既含两人的职业,又祝贺新人婚姻美满幸福。

3.节日联

所谓节日对联,是针对各种节日,以示庆祝、纪念,为节日增添欢乐、隆重气氛而撰写的对联。节日对联,可以说是春联的扩大和演化,目前,它已成为一种颇具特色的楹联形式。比如:

元宵节对联:"万家元宵夜;一街太平歌。"

中秋节对联："人逢喜事尤其乐;月到中秋分外明。"

建军节对联："军爱民意如山重;民拥军情似海深。"

每个节日都有自身的意义,所以节日联要有针对性,既要有节日气氛,又要能切合对象。比如,赏月是中秋佳节的节庆习俗,因此,关于中秋节的对联里有不少构思巧妙、脍炙人口的咏月佳联。请看下面的对联趣事。

传说从前,有几个秀才在中秋之夜相聚在一起饮酒赏月。其中有一个号称粤东才子、名为宋湘的秀才在仰望空中明月之时,脑子里忽然灵光一闪,吟得一句上联:"天上月圆,人间月半,月月月圆逢月半。"但接下来,他苦思冥想,却始终拟不出与之相媲美的下联。另外的那些秀才也趁着酒兴,七嘴八舌,却没有一个人能对得上来。

一直到岁末除夕之夜,这几个秀才又相聚在一起饮酒守岁。在这一夜连双岁之时,宋湘忽然又灵感突发,吟出了下联:"今宵年尾,明日年头,年年年尾接年头。"此联对仗工整,结构严谨,上联六个"月"字、下联六个"年"字重复运用,构思奇巧,并抒发了岁月交替、时光如流的人生体验,令人读之不禁拍案叫绝。

清代风流才子纪晓岚一向以才思敏捷、善为妙对出名,据说他曾夸口:"天下未有不可对之对。"可有一年中秋,在和妻子一起赏月时,他却被妻子所出的上联难住了。其妻所出的上联为:"月照纱窗,格格孔明诸葛亮。"此联中的"孔明"和"诸葛亮"一为字一为姓名,不同的两个词却复指同一个人;而"诸葛亮"又谐音"诸格亮",复言"格格孔明",与前面的"月照纱窗"语意相承,构思绝巧,深得谐音双关、复指重言之趣。这样一则上联使得纪晓岚搜肠刮肚地想了很久,却始终也没能对得出来,于是这上联便成了绝对。

4.致挽联

人们用以对先人、死者表示缅怀、寄托哀思的对联为致挽联,这种对联,主要在"挽"字上下功夫,以表达人们对死者的景仰之情。挽联的创作或选用,要分清男丧、女丧,有亲属关系的还要分清亲属关系。

比如,挽男联:"前世典范,后人楷模;名留后世,德及乡梓""悲声难挽流云住;哭音相随野鹤飞";

挽女联:"慈颜已逝;风木与悲""宝婺光沉天上宿;莲花香观佛前身";

挽军界:"南征北战功不朽;春去秋来名永留";

挽学界:"学界泰斗;人生楷模"。

通用联:"流芳百世,遗爱千秋;音容宛在,浩气常存""桃花流水杳然去;明月清风几处游""一生俭朴留典范;半世勤劳传嘉风"。

这些挽联或是颂扬逝者的业绩,或是彰显逝者的情操,或是表达生者对逝者的哀思。致挽联对联语的要求也与其他联不同,在写作中要求有针对性、真实性。

如姜文写给相声大师马季先生的挽联:"青山永志马季恩师一生说唱创新为百姓;高风已留树槐先生万代相声欢笑洒人间。"

近年来,农村也有写挽联的,这表现了农民文化素质的提高。请看这样一副挽联:"白手起家经甘苦;黄泉寄梦问稼穑。"一看便知,这是追悼一位老农的挽联。

图50 姜文写给马季先生的挽联

5.宅第联

宅第联比较常见,常用于房屋大门、内门、后门、中堂、书房等处,它属装饰联的一种,以装饰环境、烘托气氛、表达志向等。这类对联多以祈福纳祥、激励功业、闲情逸致等内容为多。

如这副对联:"云现吉祥星明福寿;花开富贵竹报平安。"联语简单明了,不求其他,就图个平安、幸福、家庭美满。再如"四合宅院花馨满;五德人家笑语喧""里有仁风春意永;家余德泽福运长"也是如此。

而类似"劳动传家久;勤俭继世长""门墙多古意;家世重儒风""为人尚正直;处事贵公平""传家有道惟忠厚;处世无奇但率真""铭先祖大恩大德,恒以礼义传家风;训后辈务实务本,但求清白在人间""继祖宗一脉真传,克勤克俭;教子孙两行正路,惟读惟耕""创业难,守业亦难,明知物力维艰,事事莫争虚体面;居家易,治家不易,欲自我身作则,行行当立好楷模"等这样的宅第联,已经不是为祈福和装饰,而是当作一家传世之家训。

图51　山西王家大院对联

　　宅第联中,有一种尤为突出,那就是书斋联。文人墨客多有书房,走进书房,常见壁间悬有翰墨风味的对联,随口诵之,一股书卷气油然而生。这种联一般称为书斋联。书斋联或描写书斋景象,或抒发壮志情怀,文采斐然,在内容上与其他宅第联大不相同。

　　书斋联通常以治学、自勉和警世为主。犹如座右铭,或悬于壁室,或题于书页,或以抒情,或以明志。

　　"书山有路勤为径;学海无涯苦作舟。""才知源海文始为;腹有诗书气自华。""宝剑锋从磨砺出;梅花香自苦寒来。"这几联可谓是无人不知。联句风格独特,对仗工整,极富哲理,均为联中佳作。

　　清代书法家、篆刻家邓元白一生没有进过考场,终身布衣,是一位终生以写字治印为生的书法艺术大家。他晚年曾撰联以明志:"茅屋八九间,钓雨耕烟,须知富不如贫,贵不如贱;竹书千万字,灌花酿酒,可知安自宜乐,闲自宜清。"作者思想超凡,意境深远,显得豁达、洒脱。

　　《菜根谭》的作者洪应明有一联传世:"宠辱不惊,看庭前花开花落;去留无意,望天空云卷云舒。"一副对联,寥寥数语,却深刻道出了人生对事对物、对名对利应有的态度,也因此成了无数人家书房中必挂之联。

清代著名文学家蒲松龄聪明颖慧，才智过人，青年时期热衷举业，却"年年文战垂翅归，岁岁科场遭铩羽"。为了激励自己不断发愤读书和创作，在压纸用的铜尺上刻上了此联："有志者、事竟成，破釜沉舟，百二秦关终属楚；苦心人、天不负，卧薪尝胆，三千越甲可吞吴。"

此联对仗工整，寓意含蓄，富有哲理。其最大特点在于用典灵活有新意，上下联呼应自然，一气贯下，如行云流水。联中用典，语意双关，丰富了对联的内容，使人迁思妙想。而且以典故对照现实，加深了思想深度，使对联文义含蓄蕴藉。

现代著名作家林语堂居住在上海忆定盘路的一幢花园洋房里。他在洋房的楼下辟有一间书房"有不为斋"，布置得非常幽雅。书架上洋装书和线装书并存，显眼处挂着一副他请梁启超手录的对联"两脚踏东西文化，一心评宇宙文章"，将自己的志向表露得一清二楚。

"苟有恒，何必三更眠五更起；最无益，莫过一日曝十日寒。"这是明代理学家胡居仁的一副自勉联。毛泽东在长沙第一师范求学时把这副对联改为："贵有恒，何必三更起五更睡；最无益，只怕一日曝十日寒。"这是旨在勉励自己在学业方面要持之以恒，逐渐积累，不要忽冷忽热，这是对待学习的科学态度和方法。毛泽东之所以成为伟大的政治家、军事家、诗人，严谨的治学精神不可或缺。

四、名胜联

中国是一个文明古国，历史悠久，地域辽阔，文化灿烂。每个城市或多或少都会有一些独特的风景和名胜。或是自然风光，或是人造园林，或是道观佛寺，或是名人故居，每一处都让人流连忘返，遐思连连，忍不住抒发情感，留下无数流传千古的佳作名篇，楹联便是其中之一。作为风景名胜区最直观的文化现象，楹联往往成为名胜景观甚至历史文化的重要组成部分。名胜联或镌刻于亭台楼阁，或张贴、悬挂于寺庙祠墓，不但为山水增色，又陶冶了游人的情操。

1.名山大川

在我们广阔的疆域上，群山耸立，或巍峨壮观，或险峻雄奇；绿水长流，或滔滔不绝，或涓涓不息。大自然的造化，鬼斧神工而成，非人力所能及，人们每每惊诧于此，毫不吝惜地表达着自己对自然的叹服。

"会当凌绝顶，一览众山小"，位于山东泰安的东岳泰山，历来被称为"天下第一山"。泰山以其雄伟高大的自然景观，和数千年精神文化的渗透渲染，成为世界上第一个自然文化双重遗产。登泰山，起步于红门。在红门有一牌坊，上书一联："人间灵应无双境；天下威严第一山"，联语豪放，指出泰山五岳之首的地位。不远有一关帝庙。其庙联一语破的："日出时，月初上，雨中雪中，得无限好诗好画；书半卷，棋半局，炉香琴香，到此间成佛成仙。"再往上，则是"孔子登临处"，"素王独步传千古；圣主遥临庆万年"，显然是对圣人孔子登临泰山的载志与追怀。

图52　泰山孔子庙

"造极顶千重，尚多福地；登此山一半，已是壶天。""壶天日月开灵境；盘路风云入翠峰。"壶天阁的两副楹联既巧妙又大气。"风定天门悬日月；雨收石虎挂虹霓。"这是到了中天门。

"下方雷雨晴空见；上界星辰静夜扪。""四顾八荒茫，天何其高也；一览众山小，人奚足算哉。""地到无边天作界；山登绝顶我为峰。"玉皇顶和天山阁的几联满是"登泰山而小天下"之豪情。孔子崖的集句联更是绝妙："仰之弥高，钻之弥坚，可以语上也；出乎其类，拔乎其萃，宜若登天然。"

长江，亚洲第一大河，她浩浩汤汤，川流不息，流经近十个省区，哺育无数炎黄子孙，孕育了伟大的中华文明。沿江而行，一路上，江水或湍急，或平缓，两岸的景色更是美不胜收，吸引了古今中外无数文人墨客。

"两岸如剑立；一江似布悬。"这一联联语简洁却极为形象，生动地表现出长江三峡第二峡——巫峡的险峻。"一丘半壑，有仙则名，何当秀丽天开？览玉镜苍寰，定接清风来缥缈。小姑彭郎，好事所设，那识精灵潜格！庆波澄帆静，不同神女赋荒唐。"题在"长江绝岛"小孤山小姑庙里的这一联对仗工整，写景又抒情。

"江水无情红,凭吊当年谁别识子布卮言兴霸良策;湖山一望碧,遗留胜迹犹怀想周郎声价陆弟风徽。""一炬火何处鏖兵,最怜洒酒临江,风便又教公瑾借;两篇赋偶然点笔,可惜惊涛拍岸,壮观不与子由同。"写在赤壁的这两联,似乎让人回到了那风云激荡、英雄辈出的三国时代。

图53　赤壁山翼江亭

2.园林楼阁

园林是人类用双手创造风景的一种艺术。我国园林,有着悠久的历史,它那"虽有人作,宛自天开"的艺术原则,那熔传统建筑、文学、书画、雕刻和工艺等艺术于一炉的综合特性,具有极其高超的艺术水平和独特的民族风格,在世界园林史上独树一帜,享有很高的地位。

作为一个供人们休闲的地方,园林通常都建在城市内,或近城郊区。每当春暖花开、夏日炎炎、秋高气爽、冬雪飘飞,抑或逢年过节之时,邀三五好友,携笔墨纸砚,前往各处园林,赏花怜月,吟诗作对,是无数文人雅客上上之选,也因此留下了数不清的妙句佳联。

作为皇家园林代表的圆明园,见证了近代中国的兴衰,也提醒无数参观的人民,勿忘国耻。虽然现在变成一片瓦砾,但曾经的辉煌将留在历史。

如果说,风景如画的湖山林泉、画栋连云的水榭楼台、丰富无匹的馆藏宝物是这座皇苑的实物载体,那么,园内的楹联则是帝王精神的外化,是御园的灵魂。

"每对青山绿水会心处,一丘一壑总自天恩浩荡;常从霁月光风悦目时,一草一木莫非帝德高深。"雍正皇帝题写的这副楹联,可谓把"皇恩""帝德"推向了极致。"稽古重图书,义存无逸三宗训;勤民咨稼穑,事著豳风七月篇。"乾隆皇帝的这副楹联用典很多,比起上面那副意义更为深刻一些,那就是要想江山坐得稳坐得长,就要关注民间疾苦,跳出"享乐"的怪圈,毕生克勤克俭,以农桑为重。

图54　圆明园遗址

"涧泉无操琴,冷然善也;风竹有声画,顾而乐之。""云水澄鲜,一帧波光开罨画;烟岚杳霭,四围山色浸分奁。""好雨知时,岑峦添远碧;薰风叶奏,殿阁有余清。"这几副楹联则无政治意义,是寄情山水、得意林泉之佳联。

不同于皇家园林的华贵、大气,私家园林没有那种宏大壮丽、摄人心魄的美景,但它却别有韵味,能令人流连忘返,最关键的是园景中融合了园主的文心和修养。行走在这些园林中,可谓是"处处有情,面面生诗,含蓄曲折,余味无尽",而每一地的楹联就是最好体现。

"风月一丘壑;今古几楼台。"四大名园之一的拙政园大门处这一联可见其在中国园林中的地位。"拙补以勤,问当年学士联吟,月下花前,留得几人诗酒;政余自暇,看此日名公雅集,辽东冀北,蔚成一代文章。"这副楹联不仅点出拙政园名字,而且读此联,让人眼前不禁浮现出院内当日情形。

"读书取正,读易取变,读骚取幽,读庄取达,读汉文取坚,最有味卷中岁月;与菊同野,与梅同疏,与莲同洁,与兰同芳,与海棠同韵,定自称花里神仙。"从陆润庠题在留园五峰仙馆的这一联中我们可以看出,作者忘情书中、以书为伴的文士之乐。上联写从各种书中汲取知识,下联则笔锋一转,作赞赏野菊的随遇而安、寒梅的铮铮傲骨、莲花的高洁、兰草的朴实芬芳、海棠的恬恬神韵,以此巧妙地表达自己鄙视名利富贵,不与世人同流合污的高尚情操和志气。

"丘壑现奇观,古往今来,世居娄水,历数吴宫花草,顾辟疆,刘寒碧,徐拙政,宋网师,屈指细评量,大好楼台夸茂苑;溪堂识真趣,地杰人灵,家孚殳山,缅怀元代林园,前鹤市,后鸿城,近鸡陂,远虎丘,迎眸纵登眺,自然风月胜沧浪。"这副狮子林旧联联语采用写实的手法,历数众多名园,巧妙地点出狮子林在苏州诸园中的地位。

3.墓祠联

历史上留下无数传说,斯人已逝,只剩下墓祠让后人凭吊。到了现代,名人墓祠也是广大群众喜欢游览观赏之地。

墓祠联,属于哀挽类的范畴,用以缅怀古人,启迪后人,弘扬正义,鞭挞邪恶。

杭州西湖的岳王庙中有一联:"奉诏班师,怅南宋偏安,结此一局;精忠报国,壮西湖遗迹,范我千秋。"此联以咏史之笔触,表达了人们对南宋结局的惋惜以及对岳飞的赞叹,让来此的游人不禁激起对民族英雄的敬仰之情。

在赞美英雄的同时,人们也不忘唾弃那些陷害英雄的奸臣。墓门下有两处铁栅栏,里面圈着四个铁铸人像,反剪双手,面墓而跪。此即陷害岳飞的秦桧、王氏(秦桧之妻)、张浚、万俟。跪像背后的墓阙上就是那副由清代松江女史徐氏所作的著名对联:"青山有幸埋忠骨;白铁无辜铸佞臣。"

图55 杭州岳王庙

明末政治家、军事家、民族英雄史可法身先士卒率兵固守扬州孤城,浴血奋战数日,在孤军无援的情况下拒清廷多尔衮的几次劝降,拼死抗拒清兵

终因众殊寡悬而殉国。其义子史德威遍寻其遗体未得,兵荒马乱中无奈含泪。为遂依史公遗愿,隔年,把他的衣冠葬在扬州城外的梅花岭上。

"殉社稷,只江北孤城,剩水残山,尚留得风中劲草;葬衣冠,有淮南抔土,冰心铁骨,好伴取岭上梅花。"联文紧扣史公精忠不二之神髓,娓娓道来,恰如其分。从历史的故事之中脱颖而出,上升到一个新的层面,抒发感情,不直书其事却已包涵其事,此联倾注作者的浓浓的感慨与哀思之情。

浙江绍兴风雨亭有一联:"江户矢丹忱,感君首赞同盟会;轩亭洒碧血,愧我今招侠女魂。"此联是孙中山先生为爱国女杰秋瑾而作。联语遣词工稳,高度概括了秋瑾的革命浩气和牺牲精神,对秋瑾短暂的一生表达了赞颂和感叹之情,对失去挚友表示无比哀恸、缅怀惋惜和自愧革命尚未成功之意。联语情真意切,读来令人有荡气回肠之慨。观者临亭咏句,如见女侠之行迹。

图56　绍兴风雨亭

4.佛教联

"可惜湖山天下好,十分风景属僧家",正如宋朝赵抃诗道,当前风景名胜中佛教寺庙占了相当大一部分。不论是名山古刹,还是都市佛寺,很多时候都是游人如织。现代与传统并存,文化在这里得到传承。寺院没有铜臭的商业气氛,感受到的是梵音绕梁,妙焕的慈悲世界。

佛寺楹联蕴含了佛家博大精深的佛理和诸佛菩萨慈悲度人的愿心,并给人以更多的哲理思考和为人处世的指导。

浙江鄞县天童寺弥勒佛前有一联："大肚能涵，断却许多烦恼碍；笑容可掬，结成无量欢喜缘。"这副联语也劝化世人要持豁达乐观的态度，对人间的恩怨情仇、悲欢离合等烦恼事，要有"大肚能涵"的气度与胸怀，想得开，看得远，放得下。这样，才能却愁解烦，"结成无量欢喜缘"。

佛寺楹联中有一种，看似平淡无奇，但读过之后，常使人回味无穷。它们或是对人们长久以来无法解决的问题指明了答案，或是规劝人要淡泊名利、少欲知足，也有的是要人珍惜福报、奉献众生。总之，这类楹联总会带给人更多的启迪和思考。

"一屋一椽，一粥一饭，檀樾膏脂，行人血汗。尔戒不持，尔事不办，可惧可忧可嗟可叹。一时一日，一月一年，流光易度，幻影非坚。凡心未尽，圣果未圆，可惊可怕可悲可怜。"这是江苏镇江金山寺斋堂联，全联句子格式严密无隙，上下一致，无勉强之处，蕴含嘲讽戏谑之意。

再如以下几联："终日解其颐，笑世事纷纭，曾无了局；经年袒乃腹，看胸怀洒落，却是上乘。"

"见了便做，做了便放下，了了有何不了；慧生于觉，觉生于自在，生生还是无生。"

"笑古笑今，笑东笑西笑南笑北，笑来笑去，笑自己原来无知无识；观事观物，观天观地观日观月，观上观下，观他人总是有高有低。"

五、行业联

在城市中还有一种较为特殊的楹联种类——行业联。行业联是指专门为某一行业或机构创作的一种楹联，并以此种方式来表述该行业或机构的突出特征。我们生活中能接触到的行业联很多，现在一些市井、肆店之联多属此类，三教九流，五行八作，不胜枚举，这里只介绍其中之一二。

这类对联的特点有以下几个方面：

1.通俗性

这类对联大都具有广泛的群众基础，通俗易懂，但又极具韵味。

如理发店联："吹吹烫烫花容月貌添魅力；剃剃刮刮顶光皮亮长精神。"一联不仅道尽理发店全部工作内容，还不忘讲述理发之好处。下面这一联同为理发店门口所挂，既通俗又不缺内涵，让人忍不住会心一笑："操毫末技艺，不教斯人憔悴，古今中外离不得；习顶上功夫，能使头面一新，男女老幼尽开颜。"

又如杂货店联："杂品纷陈，任挑选这样那样；货源足备，决不会买空卖空。""百货百样百看不厌；千客千心千选不烦。"

图57　某理发店门口对联

2.广告性

对于很多行业来说,门前一联不仅为整个门店添彩,同时这也是一个极好的广告机会。

比如百货店联:"针头线脑小商品,谁家不用;鞋帽布匹大众牌,这里最全。"这一联既告诉客人本店经营的范围,又不忘夸耀自家货物品类齐全。

鞋店联:"布鞋胶鞋皮鞋,双双代步,人人知足;男式女式童式,样样俱全,款款动心。"

酒店联:"为名忙,为利忙,忙里偷闲,饮杯茶去;劳力苦,劳心苦,苦中作乐,拿壶酒来。"

这些楹联,广告味就很浓,让人一看就知道是做什么行业的。

3.艺术性

虽然这些行业联通俗易懂,但是从不缺少艺术性,更有一些行业联,堪称联中佳品。

如某字画店联(兼营汉服、佛珠):"闹市有清凉,衣振汉风珠礼佛;小楼藏大雅,画添古色字生香。"这联就很好地抓住了店面的经营特色,并由此生发、立意高雅,是一副不错的行业联。

药店联多用于宣传药物性能、医道医德方面,形式各异。有的以药名成趣,有的嵌字,有的谐音,有的拟人,手法不同,各具千秋。请看这联:"白头翁，持大戟，跨海马，与木贼、草寇战百合，旋复回朝，不愧将军、国老；红娘子，插金簪，戴银花，比牡丹、芍药胜五倍，从容出阁，宛如云母、天仙。"此联上下分别嵌入九味中药名，这么多的药名却毫无堆砌之感，反而形象自然，对仗工整，谐趣生辉，历来被人们所称道。

享誉海内外的中华老字号，旧京城"八大祥"之首的瑞蚨祥门前，也有两副楹联。最高处是："经论事业从针下；锦绣文章在掌中。"正门的楹联是："瑞气盈门，凤吐经纶成七彩；祥光洒地，龙盘锦秀璨千花。"

再如服装店联："巧呈千样锦；点缀万家春。"——写得含蓄、耐人回味。

"植字抽芽文明播种；校书分页著作成林。"——印刷厂。

"夕铸朝熔，成就红心赤胆；千锤百炼，献出铁骨钢筋。"——炼钢厂。

"桔井香流，散作回春甘雨；鼎炉火暖，炼成济世金丹。"——制药厂。

"采得三山药；炼成九转丹。"——制药厂。

"龙蟠锦绣，巧成五彩；凤吐丝纶，幻作万花。"——针织提花厂。

……

图58 老字号瑞蚨祥正门

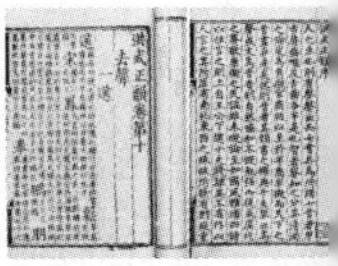

楹联作为一种传统文化，同其他传统一样也面临着时代的考验，楹联的发展面临着不少的问题。比如说，懂对联的人不少，但是不懂的人更多。很多人以为字数相同的两行字就是对联，分不清上下联，贴在门上的对联常常左右位置颠倒。如何发扬光大这种传统文化，使其适应时代的发展，也是迫在眉睫的问题。

2006年5月，国务院公布了首批国家级非物质文化遗产名录，共518项，

其中"楹联习俗"名列第510项，遗产的分类为"民俗"，遗产编号为X-62。申报单位为中国楹联学会。楹联习俗被列入国家级非物质文化遗产名录，说明了楹联文化在我们民俗文化中占有很重要的地位，更证明了楹联文化本身是我们民族优秀的传统文化形式之一。

可以说每个中国人都是读着唐诗宋词长大的，都深受诗词曲赋的影响，诗词楹联艺术在我们的生活中处处可见。

近年春晚上楹联也频频露脸，CCTV在2005年的春晚上别出心裁，整场晚会通过四次对联的展现，将所有节目串联起来，既渲染了浓浓的民俗氛围及热烈的节日气氛，满足了中国人的审美愉悦，同时也向世界展示了中华民族的特色文化。春晚的总体设计是：盛世大联欢。由34个地方代表对出17副对联。如下：

北京：三海九门，京华迎奥运；

上海：一江两岸，世博靓申城。

山东：孔子仁，关公义，人文典范；

山西：泰山日，壶口烟，天地奇观。

湖南：八百里洞庭凭岳阳壮阔；

湖北：两千年赤壁览黄鹤风流。

近几年的春晚上都能寻觅到楹联的身影，2011年的征联活动也反响热烈。征联如下：

下联：五十六朵花开，五色十光合春。征上联。

上联：《游子吟》《乡愁》《静夜思》《荷塘月色》。征下联。

上联：百善孝为先，常回家看看。征下联。

网络上，由于讯息传递快捷，交流方便，网络上楹联发展态势比较迅猛。这里摘录一副网络上流传甚广，反映近年民生状况的对联供大家赏评：

上联：房价涨，地价涨，油价涨，电价涨，水价涨，粮价涨，肉价涨，蛋价涨，菜价涨，药价涨，这也涨，那也涨，怎一个涨字了得，涨了还涨。

下联：上学难，参军难，就业难，买房难，租房难，择偶难，结婚难，育儿难，就医难，养老难，男也难，女也难，看世间难字当头，难上加难。

总体来看，楹联呈现一种复兴的景象，各地楹联组织蓬勃发展，自1984年中国楹联学会成立，全国有27个省（市、自治区）成立了楹联组织，楹联爱好者广泛分布在全国的机关、厂矿、农村和学校；城乡创建活动不断深入，全国有50多个市、县被命名为中国楹联文化市、县；学校楹联教育成果显著，

越来越多的学校把楹联活动引入校园，把楹联教学引入课堂，全国已有60

多所大、中、小学校成为"中国楹联教育基地";楹联知识逐步推广普及,2010年是全国联律普及年,楹联基础知识得到了广泛普及,楹联文化在社会上进一步得到宣传。

文化深邃的楹联
WENHUA SHENSUI DE YINGLIAN

雅俗共赏的店铺名

漫步街头,琳琅满目的店铺招牌引人注目,特别是华灯初上,各种商号店名在霓虹灯的辉映下流光溢彩,把城市装点得更加美丽,商店名称已经成为都市生活的一道亮丽风景线。

一个企业一个商店最先与顾客打交道的就是它的名称。从商家的角度来看,店名是区别于其他商店的标志,一个好的店名不仅能带来优厚的经济效益,也能反映出商店的经营理念,树立良好的店铺品牌和形象,也可以反映出店主的个人品位和审美情趣。从顾客角度来看,顾客在市场上期望买到称心如意的商品,顾客想要了解的商店的经营种类、价格定位等这些信息,通过店名大致就可以得知;除此之外,许多顾客还很注重商店名称的个性化,在同等的条件下,他们通常会优先选择那些店名和自己的气质、个性相仿的商店。

从语言学的角度来看,店名、广告语言、商标名、店堂橱窗的宣传语及营业员用语等商业领域中的语言都属于商业语言。商业店名不仅是一种具有识别作用的语言符号和传递商业信息的载体,而且犹如一个多棱镜,能折射出当地的社会心理和文化光彩,既反映了不同时期的社会风貌,也反映了人们的思想意识和文化心理。因此,商业店名的语言既是一种文化现象也是一种社会现象。透过各个时期的商业店名的变化,可以探寻出社会各个时期的政治、经济、文化生活的变化。

图59　同仁堂旧址

　　国人向来重视商店的取名，"金字招牌金不换"。"名字叫响，黄金万两"
"商名是金"等可以为证。店名的起源与商业的发展密切相关，可以说是商
品生产发展、商业行业竞争的产物。

　　店名的起始年代已不可考，但它的前身——幌子，可以追溯到战国时
期。春秋战国时期，商人开始分化为行商和坐贾。坐贾即以店铺或固定摊
点销售货物。为了提高交易效率，商人将实物或实物放大、缩小的形式悬挂
在店铺门口或摊点上。那时候的幌子式样非常多。有实物幌子——卖什么
挂什么，卖木炭的挂一块木炭，卖麻的挂一束麻。有模型幌子，如：烟袋铺门
前挂木制大烟袋，鱼店门口有大木鱼。酒店、客栈、食宿等店铺多数是用麻
布或丝帛做成幌子，称为"酒旗"。关于幌子，古籍中也有不同的表述，除了
"酒旗"，较为常见的还有"店招""招牌""酒幌"等。两千多年前《韩非子》中
就有记载，幌子主要是卖酒的标志。《水浒传》第二十三回写道："武松在路上
行了几日，来到阳谷县地面。此去离县城不远，当日晌午时分，走得肚中饥
渴，望见前面有一酒店，挑着一面招旗在门前……"①大一点的酒店，门前的
幌子还着以文字，如"太白遗风""醉里乾坤大，壶里日月长"。景阳冈酒店的
招旗上写着"三碗不过冈"，孟州蒋门神酒店的望子上写着"河阳风月"字
样。可见，店名在一开始，就伴随着文化。

　　隋唐时期，由于幌子在夜间不便观察，因此，有夜市的地方，幌子便以灯

雅俗共赏的店铺名

YASU-GONGSHANG DE DIANPUMING

————————————

①〔明〕施耐庵、罗贯中：《水浒全传》，第二十三回，长沙：岳麓书社，2009年。

笼代替。孟元老的《东京梦华录》写汴京夜市，"酒店前多挂灯笼沽卖"[①]。宋吴自牧的《梦粱录》中也说："酒肆门前设红绿杈子(灯笼)贴金红纱栀子灯。"[②]后来为了规范市场贸易，要求"悬牌经营"，牌上要标有物品名称及经营者姓名，即后来所说的招牌。商店悬挂招牌，并且在招牌上书写、篆刻店主姓名、图形标记、雅号，逐渐形成了完整的招牌字号。

到了宋代，我国商业发展步入新的高峰。宋朝政府允许商人面街而市。这种方式使宋代商业的面貌大为改观，店铺数量增加，一些临街居民可以沿街摆摊设点，大街小巷店铺林立。这从北宋著名画家张择端的《清明上河图》中可以看出来。图中以精工妙笔绘出了当时汴京大街上近百家商店各具特色的招牌，汴城东门十字路口一带，就有各种式样的木制招牌三十余块，如：写着"脚店""新酒""正店"等的酒楼挂板，"香醪"店、"孙羊"店等竖牌，"王家罗锦帛铺"等横匾，还有医药店"赵太丞家""杨家应症"，汤药摊"饮子"等。其中"赵太丞家"医药铺，还有四块竖牌，分别写着"大理中丸×养胃丸""治酒所伤良方集香丸""五劳七伤回春丸""赵太丞统理×妇儿科"。由此可见，负载店名语言的匾牌(横牌)实际上与有广告意义的招牌(竖牌、挂板等)已经分离开来，已经具备了现代店名匾牌的形制。

元、明、清三代，社会经济发展，一些商家为了在商业竞争中立于不败之地，不仅开始注重招牌形式，如请名人书写招牌，或采取图文并茂的形式，或描金写红，而且很重视店名的选字用词。比如，宋明时期，陈留县汴河边一家馒头店铺招牌上写"本行侯家上等馒头点心"以自夸。北宋时期，京都就出现了文采典雅的商店字号，如汴梁相国寺大门往东的一家著名客店，横匾上书"熙熙楼"，显然取义于"熙熙攘攘"。还有图文式的，如《清明上河图》中，有一家铁铺的招牌上，除了"铁铺"二字外，还画着铁钳、铁剪之类的图像；清代北京王麻子剪刀铺，既写有店名，又绘有各种刀剪的图形。

传统店名招牌对现代店名招牌的影响深远。尽管从形式上看，现代店名招牌制作手段日益先进，质地也日益华丽，霓虹灯或灯箱早已替代了木板，但其是店铺信誉的代表和象征这一点却没有改变。清代《续都门竹枝词》中有两首诗曰："回回三代狗皮膏，祖像招牌树得高。冬夏桥头长供奉，子孙买卖不辞劳。""鹿角招牌系世传，乌须妙药果通仙。老鳏老宦寻仁寿，暂把黄金买少年。"可见，老字招牌、金字招牌有着很大的影响力，能传至几代，常常给商家带来巨大的商业利益。

---

①〔宋〕孟元老：《东京梦华录》，郑州：中州古籍出版社，2010年。

②〔宋〕吴自牧：《梦粱录》，杭州：浙江人民出版社，1980年。

如今,店名已同商业活动融为一体,并在商业交往中扮演着重要的角色。店名的内容越来越丰富,构思也越来越巧妙。店名不仅是语言艺术的展示,还能反映时代的社会风貌、人的思想观念和文化心理,反映商业文化、社会文化的发展与变迁。

一、店名的时代特色

罗常培先生在《语言与文化》一书中告诉我们:"一时代的社会生活决定了那时代的语言内容;也可以说,语言的内容足以反映出某一时代社会生活的面影。社会的现象,由经济生活到全部社会意识,都沉淀在语言里面。"店名作为应用语言,更具有记录社会变革和政治、经济发展变化的功能。

鸦片战争以前,我国店名语言一直处于小农经济文化背景下的自我孕育、自我发展的状态。中国历史上一向重农抑商,又以礼仪之邦自居,言义不言利。在商品交换中奉为理想的是古典小说《镜花缘》里君子国式的"好让不争"。因此商品经济不发达。以姓氏名称命名,是最早的商铺字号命名法,比如《清明上河图》中的"刘家上色沉檀陈香""杨家应症"等;宋末元初吴自牧的《梦粱录》记录了南宋首都临安(今浙江杭州)当年的商号名,如"陈家彩锦铺""孔家头巾铺"等,就是在店铺大门上用简洁的文字突出店主姓氏和品名。

图60　北京全聚德烤鸭店

此外,传统店铺名称还有追求平安、吉祥和发财的特点,因此以吉利语做店名是极普遍的一个做法。如宣统元年(1909年),兰州城关区第一家西药房"华泰堂",兰州老字号"兰州信大祥绸缎呢绒棉布店""玉盛祥眼镜店""悦宾楼"等店名,都寄托了商家对生意兴隆、顺利祥和的期盼和追求。清代有位叫朱彭寿的文人擅长代客取名,所得酬金颇丰。他曾下功夫收集了一些有名的店铺字号精心琢磨,发现这些店名的用字常见的不外是那么五六十个。为了便于记忆和选用,他用平仄有序、押韵合辙、朗朗上口的律诗形式,把五十六个吉祥字串联起来,编了一首"字号诗":

> 顺裕兴隆瑞永昌,元亨万利高丰祥。
>
> 泰和茂盛同乾德,谦吉公仁协鼎光。
>
> 聚益中通全信义,久恒大美庆安康。
>
> 新春正合生产广,润发洪源厚福长。

这首诗对中国店名文化做了精辟总结:希望数量多(万、广、丰)、规模大(元、泰、宏),追求发展顺(亨、和、协)、万事吉(瑞、祥、富),期盼生意兴(隆、昌、茂)、事业久(长、恒、永),做到信用好(诚、信、义)、德行正(美、德、仁)。这首诗后来流传商界,只要留意一下各地店名,如老字号的"同仁堂""全聚德""协大祥""恒源祥",又如较后来的"大润发""中信""恒隆"等等,都可以在"字号诗"里找到它们的身影。

鸦片战争以后,我国店名语言受到外来强势文化的冲击,发生了快速、急剧的变化。

1.鸦片战争到新中国成立前的店名

鸦片战争后,西方用武力敲开中国国门,西方商业文化渐渐出现在中国国土上。先是租界中出现了洋商店、洋店名,随之,"洋"风向一些大城市和沿海城市蔓延。由于帝国主义列强轮番在中国攫取政治、经济利益,店名语言的殖民主义烙印越来越重。如店名通名中出现了"洋行""吧""俱乐部",甚至"株式会社"等。宣统二年(1910)兰州道升巷开了家"中外药房"。直到新中国成立,国民生活中还有很多的"洋",火柴叫"洋火",煤油叫"洋油",自行车叫"洋马",机织布叫"洋布"。与此同时,爱国的民族工商业人士,为振兴民族工商业,保持民族气节,其商铺命名常表现为一种民族自强性,如"劝业场""中华百货售品所"等。

2.新中国成立初期到"文革"前的店名

新中国成立后,大批商号店铺迅速恢复营业。这一时期店铺名称政治色彩比较强烈,往往表现出当时社会主义革命的特点氛围和人民群众对新生活的歌颂。例如:人民、友谊、新华、和平、群众、解放、建国、东方、向阳、光辉、光明、光荣、前进、红旗、利民等等。同时因为这一时期社会的经济结构呈现出多种所有制经济成分并存的状态,国营商店和公私合营商店在商业中占据主导地位。是以传统店名与新生店名并存,如通名中有"店""馆""社""场""厅""铺""阁""门市部""号"。"门市部"是最能反映这一时期时代特征的标记符。1956年,我国基本完成了对资本主义工商业的改造,私营企业经过改造基本上走上了公私合营与合作化道路,"食品日杂合作社""鸿丰合作商店"等等带有"合作"标示的店名渐渐占据上风。而且"劳动""跃进""红旗""四新""创业""新风""建设""永红"之类则是政治运动和国际形势在店铺名字上的投影。这一时期的大多数店名显得比较庄重、严肃。

图61　门市部

3."文革"期间的店名

"文革"时期,老字号店名被视为具有封建性被扫进垃圾堆,一些带有外文或外文音译的,带有私人姓名的店名,都被视为封资修,一律被红色词语所代替,店名单调没有生气。店铺名字一般由序数词充当,如"第一××商店""第二××商店"等等。比如"兰州红花女子时装店",该店于1944年创建,专做高档女式时装,以做工精细、款式独特、服务周到而负有盛名。该店于1956年由上海迁来兰州。"文革"期间,时装业被诬为"为资产阶级太太、小姐服务"。"红花"机构被撤销,改组为妇幼商店的服装加工组。原"红花"的技术人员被大量调离并改行。1981年,关闭了15年的红花女子时装店才得以恢复。

有类似遭遇的还有著名的老字号、卖国画的"荣宝斋",被改为"人民美术出版社第二门市部";享有盛名的"全聚德烤鸭店"被改为"北京烤鸭店";天津烤鸭店,原名"正阳春鸭子楼","文革"期间,一度改名为"八一三食堂"。

4.改革开放至今的店名

到了20世纪80年代,我国以经济建设为中心,实行改革开放,经济发展迅猛,各种所有制的公司、企业、商店如雨后春笋不断涌现。商店名称也从单一走向丰富,国外或港台商业文化对我国大陆店铺名称的影响加剧,通名

121

增多,变得五花八门,如"店""城""广场""行""中心""世界""专卖""公司""业""房""超市""总汇""楼""厦""商场""部""阁""社""坊"。同时,外来词和拼音包括纯外文的店名、中外文夹杂在一起的店名以及中文名和字母名并存等情况增多。一方面,一些外企希望能打入中国市场,充分考虑到中国本土文化因素,使企业或产品的名字易于被中国人接受并记住,如"万客隆""海飞丝"。"万客隆"源于荷兰一家叫MAKRO的商店,后来美国人把这种经营方式发扬光大,成为一种商业形态。有位台湾人巧妙地把它翻译成"万客隆"。1995年进入中国大陆,成为仓储式商场的代名词。"万客隆"这个店名既兼顾了音译又将其译成了有一定意义的汉字。类似的还有"可口可乐""百事可乐"。另一方面,许多国内产品为了适应国际市场,也开始注重使用外文音译名,比如"班尼路""雅戈尔"等等。

图62　可口可乐

综上可知,店铺名称是时代的一面镜子,反映出强烈的时代特征,蕴含着丰富的社会内容,社会历史的各种变化,无不在店名上烙上鲜明的印记,店名实际上是时代变迁的一种见证。随着社会的发展,人们对客观事物的认识越来越深,涉及的领域越来越广,新词大量产生,使店名越来越丰富,店名的丰富也意味着社会越来越繁荣。

二、店名的用词分析

随着时代的发展,店名的组合元素也发生了较大变化。传统店名的组合要素主要是汉字,中国的一系列老字号"同仁堂""全聚德""荣宝斋"等店名可以为证。现代店名的组合元素除了汉字外,还吸收了一大批新成员,如英文、数字、字母、符号、图形等等。各元素之间互相组合,呈现出纷繁复杂、灵活多变的特点。构成店名的词众多,从词语意义上看主要有以下几种类型:

1.与人们的心愿、欲望有关

商家给店铺取个好名字,为自己为消费者图个吉利。这一部分店名表达了商家的各种心愿,有的祈求吉祥,有的祝福顾客,有的渴望财富,有的寄托志向、表达承诺等等,如:永顺诊所、兴和超市连锁店、宏源斋火锅、安顺医药、康宁瓜子王、恒升典当、宏顺小卖部等等。

2.与经营内容相关

很多的店铺名称常常采用与商品的某方面特征相关的字眼。如:好味来饭店、顺风快递、脆脆香生煎包、骨愈堂、如家快捷酒店、美丽不打烊(服装店)、流行美理发店、健康药店等。特别是整类的店名倾向于使用特定含义的字眼,很有规律性。比如眼镜店倾向于使用"光""明""精",如:光明眼镜店、睛明眼镜店、视明眼镜店、精益眼镜店等;诊所名称则倾向于使用"健""康""顺""安"等字,意在祝愿病人恢复健康,如:惠安齿科、玉康诊所、永顺诊所;药店则倾向于使用"惠""仁""民"等字,意在突出药品物美价廉,商家仁心仁术,注重医德,如:惠仁堂、同仁堂、万民药店等等。

3.与地域有关

有些店名使用营业地点名称,表示商店的所在地,如:兰州新世界百货、兰州饭店、宁卧庄宾馆、金城第一笼、兰州民主西路百货大楼等。

有的商铺名字标明了地方风味或商品产地,如:敦煌楼、重庆嘉福源火锅、巴蜀众斋、嘉峪关烤肉店、川渝大排档、老东乡羊肉、东乡人开锅涮、淮扬人家等,这不仅可以突出地方风味和特色,还可以满足消费者"慕名购买,求实尝新"的心理。

还有的用一些特殊地名命名,以增强店名气势,如:香格里拉饭店、兰桂坊、康桥国际购物中心、加州咖啡商务酒吧、外滩风尚。

图63　兰州饭店

4.与人的姓名有关

有的店名继承了最初的命名方式,使用店主的姓名或产品首创者或经营者的姓名命名,如:满满酒吧、文慧书屋、佳佳大排档、马有布牛肉面、兄弟三汁焖锅、胖妈妈餐饮、谭木匠、俊俊酒馆、马子禄牛肉面、李宁专卖店等。

有的用服务对象命名,如:新青年旅行社、新人类时尚休闲、万民药店。

还有的店铺以中外文化名人或著名文学、影视剧作品中的人物名字来命名,如:蒙娜丽莎婚纱摄影、雨果咖啡、雨果炫音吧、汤姆汤姆咖啡馆。这种命名方式可以使消费者在认知商店时,产生一种心理惯性或偏移,将人们对所喜爱的人物的好感与崇拜转移到该商店和该商品上来。

5.与文学作品、影视剧作品有关

这种命名有故事情趣,能引起共鸣,给人留下深刻的印象。如:

桃花岛酒楼——源自金庸名著《射雕英雄传》,东邪黄药师所居之地;

一米阳光——源自大热电视剧《一米阳光》;

图64　小店一米阳光

乌托邦酒吧——源自英国空想社会主义者托马斯·莫尔的名著《乌托邦》;

鹿鸣超市——源自《诗经·小雅·鹿鸣》:"呦呦鹿鸣,食野之苹。我有嘉宾,鼓瑟吹笙。"

三昧真火餐馆——可能源自古典名著《西游记》,是道教文化中经常出现的词。

6.与数字、字母相关

这类店名常常是数字、字母和文字相综合,如:零点娱乐、三乐网吧、七点英语学校、7号火吧、八品菜馆、天翼98、九方棋牌茶社、千椒百味双椒鸡、Q夜店、金池KTV会所、娇子之都KTV、A1B1(T恤店)等。

7.与宗教、民族相关

　　如:老河州清真餐厅、红房子清真西饼、清真马林餐厅、云鼎清真餐饮。

8.与外来词有关

随着中国与西方联系的日益密切,越来越多的公司、企业、店铺和商品以外来词命名,如雨后春笋,让人应接不暇。这一类名字可以分为音译外来词和仿外来词两种情况。

音译外来词以对来自国外的品牌名称的音译为主,有的完全按照外文读音找出汉语中相同或相似的替代词。如:歌莉娅(Goelia)、卡哇伊尚品、玛雅房屋、匹克运动、海伦英语学校、阿迪达斯、耐克、真维斯、惠普等专卖店。这些店名中有很多是直接用其商标名作为店名,这些商标往往是在社会上具有一定知名度的品牌名,有一定的消费群体,背靠大树好乘凉。这样的店名使消费者一目了然,也起到了广告宣传的作用,强化了企业及其产品的形象。也有的翻译是寓意音译,在按照外文发音选择中文音近的词语时,还注意挑选有相关含义的词或语素,使翻译过来的名称具有一定的意义。如:必胜客(Pizza Hut)、爱茉莉(Amore)、衣恋(Eland)。

图65　必胜客餐厅

仿外来词与音译外来词的不同之处是,仿外来词没有外文原形,是仿照音译外来词的形式,由汉语语素临时拼凑而成的。如:店名"佰丽莱"由"佰""丽""莱"三个互不相关的语素组合而成。类似的店名还有:德尔惠、可百可、法贝德面包、曼妮芬、佰得华休闲酒吧。

9.与审美情趣相关

人们具有相似的思维及生活方式,对客观事物或社会现象的某些方面也有相同或相似的感受。因而,在商店命名中就可以利用这些共同的感觉来取名。如:本色咖啡酒吧、同缘火锅城、名轩阁、翠玉阁、静月轩茗茶等。还有用吉祥的神兽仙禽或动物命名的,如:龙摄影、凤栖梧、报喜鸟西装、金鹰音乐心情吧。另外,花草植物、日月等也能给人以美感,如:紫荆花开酒

吧、鲜花传媒、蓝莲花、声雨竹、南木流沙婚纱写真馆、金太阳、阳光招待所、揽月等。这些事物都能唤起人们的美好联想,使商店在消费者心目中留下良好的印象。

以上归纳的九种类型虽然不能把所有名称的特性囊括在内,但大致能概括出现代店名的面貌。

代表商店业务类型的业名也日渐宽泛。改革开放前,业名的选词范围比较窄,主要表明所售商品或服务项目,如"兰州市妇女儿童用品商店""兰州培琪西服店"。现代商店业名的选词范围较为宽泛,并且往往标明业务的多种类型,从而使之能承载更多的信息量。

先看看简明扼要的业名(只标明业务的一种类型)如:

标明所售物品:中兴酒茶商行、边家饺子、杨记眼镜老店。

标明服务项目:奥博图文广告、华蕊宠物、丽人照相馆。

标明经营方式:谭木匠连锁店、吉祥鲢鱼自助火锅、兰州旺旺火锅量贩。

标明经营规模:华盛大酒店、小辣椒、鸿鸿小卖部、大都会酒城。

标明制作方式、特色:李记铁板烧、大漠烤肉。

标明价格:兰州兴荣平价商店、李宁折扣店。

此外,有一部分业名为了使其区别性、标志性更强,标明了业务的多种类型。例如:

标明了商品类别和经营方式:西门子助听器专卖店。

标明商品类别和制作方式特色:味之道铁板私房菜。

标明服务对象和服务项目:新人类时尚休闲。

三、通名词汇的壮大

通名是商业单位的通用称呼,就是过去经常使用的"店""铺""馆"等。从店名的发展历史来看,"店""肆""坊""铺""廛"是我国最早、历时最久的商业通名。以后,"廛"一般不用了,"肆""坊"也用得较少,而"店""铺"则保留了下来。据调查:1957年至1978年常用的通名有"店""铺""房""楼""庄""号""行""场""市场""餐厅""酒店""大厦""大楼"等。随着经济的发展、商业的繁荣,现代通名不断增加,呈现出多样化的趋势。商家们根据商店的经营范围、体制、规模、环境等因素,选择不同的通名。下面来看看兰州市店铺的通名使用情况。

兰州市店铺名称通名分析表

店	御香楼酒店	都	牧原烤都	酒店	一品香酒店
铺	有间袜铺	行	裕龙商行	轩	灵剪发轩
房	老百姓大药房	场	艾博德数码梦工场	阁	一苕阁
楼	花之林人文茶楼	家	海澜之家	苑	川香苑
庄	伊玛烧烤鱼庄	餐厅	味美滋中西餐厅	社	清晰文印社
业	宴宾酒业	城	七星椒火锅城	厅	伊典西餐厅
馆	缘聚酒馆	王	山寨鱼头王	府	重庆鱼府
斋	巴蜀众斋	锅	黄记煌三汁焖锅	园	蜀乡园
廊	浮水印艺术咖啡酒廊	村	老厨渔村	点	中国移动特约代理点
坊	淘衣坊	站	下一站香港站	室	大众理发室
吧	逸彩音乐餐吧	堂	益慈堂	沙龙	古奇美发沙龙
界	漫界	屋	丰瑞咖啡屋	院	润雅美容院
基地	烫染造型基地	地带	尚品咖啡地带	工厂	木子广告加工厂
中心	鑫源足浴中心	食堂	番茄食堂	超市	三A超市
机构	姚利专利美容连锁机构	俱乐部	鬼魅晨冰俱乐部	私房菜	老妈私房菜
空间	鑫成造型空间	大排档	胖子川味大排档	会所	名爵会所

通名的调查和统计呈现出了三个特点。

1.传统通名依然占据着优势

比如说"店"的使用范围最广泛,几乎涉及各种行业。同时,在经营方式发生了变化的环境之下,出现了许多由"店"组合而成的复合型通名,如:"总店""分店""名店""专卖店""连锁店""加盟店""旗舰店""便利店""实体店"等,花样繁多,使"店"这个古老的通名重新焕发了青春。传统通名中比较常用的还有"馆",它除了原有的使用范围"饭馆""酒馆""照相馆"外,在搭配上又有了时代赋予的新变化,如:"流行馆""生活馆""美体馆""丽人馆""青春淑女馆"等。有继承又有所发展,这就是一部分传统通名的现状,它们以新的姿态在现代店名中继续发挥着重要的作用。

2.现代通名丰富性特征显著增强

首先,同一行业领域内,通名的选择范围不断扩大。过去餐饮业店铺不是"馆"就是"楼",或者是"庄""村";现在,除了这些以外,还有"王""府""园""斋""锅""食府""酒家""餐厅""大排档""食堂""私房菜"等十余种。其次,部分传统通名被新通名逐渐取代。过去,理发店叫"剃头铺",后来"剃头铺"被"理发店""发廊""发屋""美发厅"取代,现在这些词又渐渐被"沙龙""会所""机构""中心""吧""会馆"代替。

图66　会所

3.启用旧名、采用新名

先说启用旧名。

有些充当通名的词在传统形式中只限于某种或某几种行业,甚至几乎消失,但是随着社会的发展和人们生活的需要又重新出现,而且这些通名的使用范围逐渐扩大,使用频率也逐渐提高。例如:

行:指买卖交易的处所,也指某些营业机构。除银行以外,新中国成立前曾经有的拍卖行、典当行等在一段时间内销声匿迹,如今却又登上了社会舞台,而且还衍生出了车行、琴行、眼镜行、电器行、音像行等。

坊:旧时多指小手工业者的工作场所,如油坊、染坊、磨坊、漆坊。现在店铺取名时用"坊"营造小巧、古朴的氛围,有"手工创意坊""面包坊""美食坊"等,还有服装类店名"淑女坊""靓衣坊"。

铺:指简陋的小商店,新中国成立后多用"店"不用"铺"。不过现在却有了新变化,有些店名如"菲丝小铺"是对英语"The Face Shop"的翻译,"Shop"恰好译成"小铺",兼顾了读音和意义,类似的还有"美体小铺(The Body Shop)"。

图67 典当行

另外有些通名在以前原本不具备通名的含义或用途,但是在后来的商业活动中被越来越多的命名者纳入了通名的选词范围。如:

阁:我国传统楼房的一种,大多为四角形、六角形或八角形的建筑物,周围开窗,供眺望、游憩、藏书、供佛之用,如滕王阁。现在也被运用于店铺命名中,有风味阁、海鲜阁等。

府:旧时指贵族或官僚的住宅,也泛指一般人的住宅。如:府邸、府第。现在在店铺命名中,使用频率最高的是餐饮类店名,如"食府"。

苑:古代指蓄养禽兽或种植林木的地方,多为帝王及贵族游玩打猎的风景园林。现在商店为了增加一些艺术美感常用"苑"做通名,如"百来客美食苑""丹桂苑"等,更多的是运用在楼盘命名中。

总汇:水流会合,也指汇合在一起的事物。因其有汇聚、荟萃之义,一些商店为表示货品齐全,喜欢以"总汇"命名,如:美食总汇、装饰总汇、娱乐总汇。作为通名的"总汇"涵盖的行业很广,适合多种行业的商店命名。

再说一说新名。

新通名的产生途径主要有三种:采用港台词、吸收外来词和自创新词。

(1)采用港台词

中心:原指设备、技术力量等比较完备的机构和单位,现在这个词衍生出了维修中心、娱乐中心、商务中心、桑拿中心、美容美发中心等新用法。

城:指城邑四周用作防御的墙,后指城市、都。自港台传入"服装城"后,大陆以"城"为店名的有商城、家具城、美食城、娱乐城、影城等。

村:原指村落,村庄。自"度假村"传入后,因为"村"有自然、乡野的联想义,便出现了"老厨渔村""又一村火锅店"之类的店名。

类似的还有"屋""大排档"等,如"乐器精品屋""佳佳大排档""老兰州排档"等。

（2）吸收外来词。

超市："超市"是英语"supermarket"意译成"超级市场"后的简缩形式，1996年版《现代汉语词典》将其收入，是一种新型的综合商店，也叫自选商场。因为简洁、新颖，所以现在自选商场、自选商店都以之为名。比如日用品超市、美食超市等。

吧："吧"音译自英语"bar"，在众多吸收外来词的通名中，"吧"的使用率最高。"bar"在英语中是指西餐馆或西式旅馆中卖酒的地方，如酒吧。现在，这个外来词的意义越来越泛化和本土化，除酒吧外，还有网吧、水吧、书吧、茶吧、陶艺吧、火吧、氧吧、烤吧、歌吧等等。

沙龙：沙龙是法语"salon"的音译，指客厅，泛指文学、艺术等方面人士的小型聚会。现因其高雅而作为某些商店的通名，如购物沙龙、文化沙龙、美发沙龙等。

图68　华联超市

四、店名与社会文化

社会用语充分地反映着社会的政治、经济、文化生活和城市的精神面貌，是社会道德、价值观念、传统习俗、公民教养等社会文化因素的综合体现。它不是一个自足的封闭式静态系统，而是一个向外的开放的动态系统。商业店名作为社会用语的组成部分，不仅是具有识别作用的语言符号和传递商业信息的载体，它还犹如一面镜子，能折射出现代社会文化心理。

1.店铺名称与趋吉图利心理

追求金钱、追求财富、祈求好运是人类的普遍心态，也可以说是中国乃至世界上任何一个国家和民族所共有的心理。人们这种趋吉图利的社会心

理,表现在店铺名称上,就是选用具有富贵吉祥义的词语。商界还有一首用吉祥词语组成的"店铺字号诗":

国泰民安福永昌,兴隆正利同齐祥。

协益长裕全美瑞,和合元亨金顺良。

惠丰成聚润发久,谦德达生洪源强。

恒义万宝复大通,新春茂盛安庆康。

这首诗中的56个字可以变换组合成许多店铺名称,而且都是能表示富贵吉祥如意的吉利词。从商家的角度来说,是借助吉祥富贵的店铺名称来传播商品、宣传店面;从消费者的角度来说,这样的名称喜庆、吉祥,能获得潜在消费者的欢心和好感。正是因为这样,在调查分析的过程中发现很多店铺名称使用了"利""达""顺""发""财"等等寓意发财、吉祥、富贵的语词。例如:西部钱柜、易祥食府、金通副食商店、金盛酒家、中兴酒茶商行、永福灌汤包子馆、宏顺小卖部、好利来蛋糕店、永盛生煎包子馆、祥顺斋牛肉面、鸿达烟酒店等等。

　　一些商家还喜欢使用数字为店铺命名,借数字的谐音来表现吉祥富贵的意义。如:520网吧、668欢乐火锅等。其中"6"代表顺利,"8"代表发财,"9"代表长久,"10"是十全十美等等。含有此类吉祥富贵数字的店铺名称有"888酸汤鱼火锅"谐音"发发发","118煲仔饭"谐音"要要发","520网吧"谐音"我爱你"。这些吉祥富贵的数字也体现出商家追求财富的心理特征,因此,使用含有吉祥富贵意义的数字来为店铺命名也受到商家的喜爱。这些带有数字的店铺名称,或者含有美好的寓意,或者有吉祥富贵的谐音。

　　另外,儒家思想对中国商业文化影响至深,国人虽然追求财富,但同时又讲究诚信为本,"君子爱财,取之有道",所以不少店铺名称呈现出一种义利结合的特点。

　　以儒家五常"仁、义、礼、智、信"为主要内容的传统伦理道德,直到今天仍然深深地影响着整个中华民族。宽厚正道,相亲、仁爱,是仁德思想的根本要求。比如,北京老字号"全聚德"的含义就是:"全而不缺,聚而不散,仁德至上。"在中国历史上,无论晋商,还是徽商,他们都有着相同的商业道德——从仁义道德出发,追求正当的商业利润,求诚实守信、货真价实、童叟无欺、互惠互利等美德;以诚待人,礼义经营,认为诚信不欺是经商长久取胜的基本因素。如:北京的"同仁堂"以诚信为本,获得了广泛赞誉,至今已有300年的历史。所以,好的商家,视"仁""德""信""义"为企业的生命,故常取含这些字眼的店名,以招徕顾客。兰州的惠仁堂药业、德生堂、华泰堂、兰州信大祥绸缎呢绒棉布店、玉盛祥眼镜店等店名都反映出商家做人处世的哲学，追求财富，但是也重义、崇德、守信。

此外，求得财富的手段是"和气生财"，所以很多店主选用"和"字为店铺命名，如兴和超市连锁店、金和裤城、和家和快餐、瑞和口腔、和平百货、金玉和食府、川和园、中和旅馆、通和典当等等。

图69　惠仁堂药店

2.店铺名称与求新求异心理

随着我国改革开放的深入，经济、社会和文化环境的相对宽松，人们的思想也日趋开放。同时，这是一个全球化的时代，全球化使得所有国家相互联结在一起，人类的视野在不断扩大，地球却在不断变小，形成了一个地球村。而互联网的飞速发展和普及引发了前所未有的信息革命，各种信息都能在最短的时间内传遍全球。也许你的一句话瞬间就会传遍全世界，也许你的一声咳嗽很快会让全世界感冒。信息、交通、网络等方便快捷的新时代，各种新观点、新思想、新理念被灌输到人们的头脑当中，人们不再满足于默默无闻、千篇一律的生存状态和生活方式，人们渴望个性的自由发展，渴望无拘无束的生活，渴望个人的独特价值的实现，渴望获得展现自己的机会，渴望得到社会的认可，渴望与众不同，渴望标新立异。这一方面是人类个性发展的自然需求，另一方面也是时代氛围的影响。而且当前社会的发展呈现出一种前所未有的开放与宽容，为人们提供了一个更加广阔的自由空间，人们有权选择自己的着装方式、话语方式、生活方式。科技的发达、物质的丰富、交流的便捷又为人们个性的张扬提供了可能。人们越来越追求

个性的生活方式，张扬个性在很大程度上成为一种时尚，这种心理在语言使

用中有着非常明显的表现,比如新词的大量涌现,层出不穷。

伴随着经济的快速发展,市场竞争的日益激烈,新店铺层出不穷,为了给店铺取一个既能彰显自身的风格特点,又能让消费者相对满意并容易记住的店铺名称,商家们绞尽脑汁,甚至不惜花费重金请人给店铺取名,名不惊人誓不休。因此,店铺名称也总是力图新颖、新奇,吸引消费者的眼球。例如,有些店铺名称常常以大热的电视剧、歌曲、电影名称命名:王家卫的电影《花样年华》大热的时候,就有"花样年华电玩城",类似的还有"一米阳光""不见不散""转角遇到爱""浪漫满屋"等等。这些店名容易引起相同爱好者的好感与共鸣。

图70　浪漫满屋婚庆店

店铺名称是商家和消费者沟通的一道重要桥梁,在反映社会生活的新事物、新现象、新信息方面非常快捷,如:韩国三千里烤肉、私生活蓝调家居、爵色酒吧、卡哇衣、非诚勿扰名品店等新潮的店铺名称。从某种意义上来说,求新求异是人类的天性,是一种张扬个性的心理。在语言上,人们使用新颖的语言、追求新奇的表达方式来满足这种心理需求。在店铺名称用语上亦是如此,商家常会使用出奇制胜的命名技巧,如:粥道人家、三锅演义、食全食美、发源地、有间客栈、明茶秋毫茶餐厅、张三疯(张三丰)奶茶店等等。这些店名运用一些突破常规和出人意料的特殊手法,来刺激消费者的好奇心,引起其兴趣和注意,并给其留下深刻印象,从而达到良好的宣传效果。这样的用语与现代人们追求新奇、时尚、新颖、变化的心理相互映照。此类店铺名称用语,紧跟社会前进的步伐、时代变化的潮流,具有时代感和生动性。

133

求新求异的店名有时表现为用旧时代事物来命名。近年来，在"吧""馆""城"等具有现代色彩的通名大行其道之时，有些餐饮店挂出了"大队长主题火锅""天马第一生产队""人民公社大食堂"的招牌。这类饭店均营造了轻松、随意的就餐环境，服务特色及菜式口味带有浓厚的农家风格。"大队""生产队""大食堂""人民公社"都是属于20世纪的词语，它们带有特定的时代色彩，现今生活中使用率不高。然而，这些表面看起来不协调的语言现象后面却包含着深层的社会意义。从这些恢复使用的旧词身上，我们能深切感受到人们对于逝去历史的回味。

但值得注意的是，个别商家只顾出奇、出新，却忽略了用词的文化品位和礼仪规范，使用粗俗或反映社会不良现象的词语，产生了不良的社会效果。还有的商家一味地追求"洋化"，以至于创造出一些意义模糊不清的牌匾用语。以上两种情况都是不可取的，需要商家引以为戒，希望消费者监督。

图71　大队长老火锅店

3.店铺名称与复古趋雅心理

中国是一个有着悠久历史的文明古国，有着辉煌灿烂的文化，传统的风俗、思想、习惯、礼仪都深深植根于国人心中，根深蒂固。在当今物质文明和精神文明都相当发达的时代，一方面人们求新求异以适应社会的发展变化，另一方面人们又不由自主地想要重归传统文化的怀抱，寻求心理上的慰藉。这种心理表现在商店命名上就是常常会选择使用古朴典雅的词语，以期达到高雅、悠远的意境。

如今,诸如"阁""轩""斋"之类带有古语色彩的通名备受青睐,使用频率渐高。在这些仿古通名中,最具生命力的是"坊"。"坊"字古意指店铺,还指小手工业者的工作场所。现在,"坊"不仅用在茶坊、酒坊、食坊、制衣坊、豆腐坊、香油坊等传统行业,还用于发型工作坊、美容美发坊、鲜花坊、服饰坊、内衣坊、创意设计坊、御泥坊等引领时尚的行业。"坊"之所以如此受命名者青睐,一方面是因为"坊"字给人一种宁静雅致的感觉,作为店铺名称,会让人产生小而雅之感。另一方面,如今手工制作、纯天然、无公害的商品深受欢迎,而"坊"原指手工工场,正迎合了公众追求健康的心理需求。在通名复古现象的背后,更深层的原因是传统文化在经过一个阶段的断层后,重新获得了生存发展的空间,重新得到了认同。人们在承受了现代化所带来的弊端之后,又重新开始寻找纯净、自然的精神享受。

图72　凤栖梧人文茶馆

此外,店铺名称中还有些饭店名称出自典故或诗词,雅俗共赏,令人过目难忘。杭州西湖孤山脚下,白堤尽头,遥望酒旗招展,上书"杏花村",自会令人想到"借问酒家何处有,牧童遥指杏花村"。诗意盎然的店名,为西湖增色不少。"千百度花艺"出自辛弃疾词《青玉案》中"众里寻他千百度,蓦然回首,那人却在灯火阑珊处"。一见店名便会让人联想起这些妙文佳句所蕴含的幽雅情致,令人回味无穷。类似的还有:凤栖梧(人文茶馆)、又一村火

锅店。

除此之外,直接用"雅"字命名的也有很多,如雅客、雅居招待所、雅鹿、雅美盛妆、雅蓝鸟家纺、雅致酒行、雅慧茗茶商行、青雅蓬灰牛肉面等等。好雅的社会文化心理在这样的牌匾用语中得到了更充分的展现。商店名称用语是商家经营理念的外化,是社会文明的组成部分和传播窗口,因而在内容上应提倡健康、文明、高雅的格调。

4.店铺名称与从众从俗心理

从众通俗地说就是"随大流",是指个体在社会群体的无形压力下,不知不觉或不由自主地与多数人保持一致的社会心理现象。从众心理反映在店铺名称上主要表现为"效仿"。如果你借用历史名人的名字经营一家"孔乙己酒家",生意红火,我就效仿开一家"孔乙己宾馆",期望生意更加红火;如果你开"绝味"鸭脖,我就效仿卖"醉味"鸭脖;如果你卖"啊呀呀"化妆品,我就效仿卖"咿呀呀""哎呀呀"化妆品;如果你经营"一元店",我就效仿做"两元店";再如"客隆"被"克隆",最早出现的是广州的广客隆,随后就出现了京客隆、汇客隆、西客隆等等,现在全国称为"×客隆"的店铺不下百家。一般说来,由从众心理引起的从众现象多数具有追求时尚和新奇的盲目性,这就有可能产生一家店经营得红红火火,而另一家却"门可罗雀"两种截然不同的结果;也有可能当某一"客隆"业绩不佳甚至关门倒闭时,其他"客隆"的形象和声誉难免也会受到影响。

从众从俗心理在店名上的一大表现是趋洋尚大。改革开放,西风东渐,在这种社会氛围中,充满洋味儿的店名悄然兴起。有借洋名附庸风雅的,有用洋名故弄玄虚的。周修亭等对这种现象有过生动的描述:"满城满街到处是洋名,挂着洋招牌,光看店名,让人仿佛到了万国博览会上一样,本国人看不懂,外国人也认不清,以洋名来抬高身价,标榜自己。"许多店铺都是单门独户的小本生意,是经营规模不大的"店"或"铺",但"店""铺"之类的名称有档次低之嫌,因此不少商家极力避之,千方百计地想取个叫起来响、听起来气派的大名号,以引人青睐光顾。这种尚大心理也成为当今商界的普遍心理特征。如:不大的商店称"商城",一般影院称"影都",一个二十平方米的熟食店叫"熟食府",鞋店叫"鞋业",出售建材的商店叫"建材行",理发的地方为"美发中心",小卖部也成了"总汇"。"总汇""中心""王国""世界"遍地开花。其用意只有一个,那就是显示其规模之宏大、商品之丰富、质量之上乘。

图73　蒙娜丽莎婚纱摄影店

　　摆阔求贵,攀龙附凤,显示气派,虚假浮夸。如"王中王牛肉面""亚洲大饭店""王子公主时尚店""太子造型专业烫染""王子公社""天宫茶语酒吧""皇家国宴""帝王烤肉美食城"。名字气派非凡,其实不过是普通的饭店、娱乐休闲场所,多为名不副实。

　　为了标新立异,故意使用难解字眼或生造词语为店名。如"逃之妖"(化妆品店)、"吃惑"、"一啓一啓"、"烧仙草"(奶茶店)、"丫头快吃店"、"黑店"等等。

　　在店名词语的选择上出现的崇洋尚大、摆阔求贵、猎奇等浅表文化表征与文化心理密切相关。消费观念的偏颇及其文化的误导往往成为少数经营者投机心理和逐利行为最直接的诱因。

　　崇洋心理,是中国近代史上因经济、科学技术落后而留下的病态心理,本来飞速发展的经济和不断提升的国力以及科学技术水平有理由医治好这种心态,但遗憾的是,这种病态在不成熟的商业文化的驱使下没有减轻,反而加重了。有些人盲目崇洋媚外,甚至喜欢模仿西方的某些生活方式,以用洋货、吃洋餐为时髦,把这看成是财富、地位、身份的象征,似乎这样高人一等。宁愿花大价钱买洋货,也不屑购买物美价廉的国货;对外资或合资企业的产品情有独钟,即使是本国产品,标上洋名,写上洋文,似乎也就身价倍增,使一些经营者不顾社会效果,给店铺挂个洋招牌,起个洋名字。这种洋名又反过来为宣扬和滋长这种思想起到推波助澜的作用。

图74　一啓一啓小吃店

攀贵、比大、摆阔现象,是经济发展中不成熟心态的集中表现。其背后的心理成因有以下几种:一是小富即满的"暴发"心理,稍有成就,就自满自大,借店名"显摆";二是为了迎合部分消费者的这种"暴发"心理;三是缺少自信的装腔作势心理,为掩盖自身的弱点或劣势,显贵摆阔,虚张声势。

这些状况暴露了我们当前经济快速发展下一部分人精神价值取向的迷茫。传统价值观念中,中国人讲究谦和有理、生财有道,而唯利是图、巧取豪夺、为富不仁,是受人们鄙视的。改革开放以来,政治的民主和思想的开放,使人们有机会重新审视自我价值的追求,一些人在光怪陆离的价值判断面前无所适从。一些恶俗店名的出现,说明我们的经济建设与相应的商业文化和商业道德建设没有得到同步发展。店名的恶俗化反映了人们浮躁的心态。店名构成中词不达意,不讲语言规则,乱用不规范字和怪僻字,滥用译词和洋文,生造不知所云的新词和仿洋词等不健康的现象,很容易造成误导,给民族文化带来冲击和破坏。

总之,店名语言是语言系统中较为活跃的一部分,是社会政治、经济、文化在商业发展运行中最直接的投影,就像一面镜子,能反射出民族经济、文化、心理素质各方面的特征。店名语言的核心价值是交流和广告,为实现商业目的搭建平台,有促销功能;同时,由于本身具有社会性,也附加了一定的教育功能和审美功能。从中国店名的历史发展轨迹可以看出,店名语言有较强的传承性,传统店名和文化对现代店名有着深刻的影响;同时,也有明显的变异性,店名语言总是随着时代的变化而变化,从形式到内容都在不断丰富和发展。店名语言是商业心理、审美心理、文化心理等各种社会心理直白的流露。目前一些店名的俗化现象,深层原因是社会某些价值观念偏离正确方向的结果。从社会进步和公共利益的角度来看,强化行政手段,主动加强对店名语言等社会用语的规范,是当前全社会一项义不容辞的责任。

包罗万有的房产名

中国人自古以来就对命名问题非常重视，所谓"赐子千金不如教子一艺；教子一艺，不如赐子好名。"《仪礼·丧服传》中记载"子生三月，则父名之"。由此可见古人对命名的重视。其实现如今，人们依然非常重视这个事情。只要看看网上数不胜数的命名网，就可见一斑了。笔者最近新得了小侄儿，弟弟要我给小侄儿起名，而且提出了如下要求，首先去命名网上查查生辰八字，五行缺什么，依照五行起了名字，再去名字评分网上看看这个名字得多少分，分太低了不能要。好一番折腾，但足见父母对孩子名字的重视。

除了给孩子取名，餐饮店铺命名、服装品牌命名、楼盘命名等很多领域都要考虑到名字的问题。随着社会的飞速发展、经济的快速增长、人口的急速增加，人们的住房问题备受关注，各地一座座商业楼盘拔地而起，房地产事业蓬勃发展的同时，各房地产开发商为了能在越来越激烈的市场竞争中脱颖而出，为了吸引消费者的目光，激发潜在消费者的购房欲望，提高销售量，费尽心思地要给楼盘起一个响亮大方的名字。另一方面，衣食住行是每一个人的基本需要，"住"在我们的生活中占了相当大的比重。尤其现在房价居高不下，对大部分的人来说，买房子是非常慎重的一件事，所以务必要尽善尽美。一个美好的名字，也是不可或缺的。

因此，给楼盘命名关系到语言、文化、社会、心理以及开发商的经济利益、信誉度，值得研究。笔者调查了兰州市的楼盘信息，本次调查以网络搜集信息为主，浏览了赶集网公布的兰州市住宅用楼盘信息，共搜集到有效住宅楼盘名称409条。这些楼盘有的建成多年，有的刚刚建成，有的正在兴建，大致可以反映出兰州市房地产市场住宅楼盘名称的概况。本文详细分析了自然山水、天地崇拜、儒家道德和富贵安居对楼盘命名的影响。

一、房产命名与自然山水

中国人亲近山水，以山水、自然怡情养性，古代就有"仁者乐山，智者乐水"的说法，与自然山水的亲近是汉民族的一个很明显的审美心理特征。

在房地产行业兴起之前，人们居住和游览的中国传统园林命名与自然山水的结合就非常紧密。"自然"，是中国传统园林艺术永恒的主题。中国园林艺术崇尚自然，师法自然，追求自然美，强调人与自然和谐统一。房前屋后栽花种草，以修饰点缀院落、园林，一直是汉民族的传统。这体现了汉民族亲近山水，以山水、自然怡情养性的居住理念，是中国人追求人与自然协调平衡思想的体现。中国园林中的植物绝不可少，如果没有植物在园中进行着不间断的新陈代谢，园就不能称其为园。不但要有花草树木，还需要配置得当，合乎章法。如水边植柳，间种桃花，像杭州西湖的苏堤，北京昆明湖的西堤，扬州瘦西湖的长堤，花木与环境配合得恰到好处。再有就是小院栽植梧桐，佛殿前种植银杏，山上栽植松柏等等。

图75　格林小镇全景图

古代的著名文人遗留下来的这些诗词歌赋等经典著作是他们智慧的结晶，也是我们应该一代一代传承的杰作。我们从传统文学经典中汲取精华，可以发现文人墨客创造出了许多意境深远的园林住宅名称。

因着陶渊明的一句"采菊东篱下，悠然见南山"，千余年来，园边篱边院墙之下，多要点缀菊花。苏轼有诗云"宁可食无肉，不可居无竹。无肉令人瘦，无竹令人俗。人瘦尚可肥，士俗不可医"（苏轼《于潜僧绿筠轩》）。唐代诗人王维避居蓝田乡下，给自己的居所命名为"竹里馆"。大诗人白居易仕途几经挫折，晚年退居洛阳，在"十亩之宅，五亩之园，有水一池，有竹千竿"的家园中，读佛习禅定之余，"日晚爱行深竹里，月明多在小桥头"。何以竹如此受人青睐？竹子，虚而有节，疏疏淡淡，不慕荣华、不争艳丽、不诌不媚，"未出土时便有节，及凌云处尚虚心"，这与古代贤哲"非淡泊无以明志，非宁静无以致远"的情操相契合，与中华民族的审美趣味、伦理道德意识相吻合。所以古人素来有"君子比德于竹"之言。红楼梦大观园中黛玉的住所就有一个富有深意的名字，这个名字与主人的身份、性情、情趣都非常契合。"潇湘馆"是林黛玉所居院落。潇湘馆摆放最多的是书籍，前庭是茂盛翠竹，遮出一片幽静的小天地，潇湘馆里的竹子均是斑竹，"斑竹一只千滴泪"，也正适合"潇湘妃子"以泪洗面、多愁善感的性格。后院是大株梨花兼芭蕉，一个吟诗作词的好去处，才女、庭院相得益彰。

在人与自然相互作用的漫长历史中，人不但创造了越来越丰富的物质财富，也积累了种种与自然山水息息相关的精神财富，这些精神财富构成了"山水文化"的丰富内涵。在我国古文献中，关于山川之神（尤其是山神）的记载，远比其他自然神要多。这显然与我国是一个多山之国有关，所谓"山无大小，皆有神灵。山大则神大，山小则神小也"（《抱朴子·登涉》）。山水之所以令人向往，被誉为"欲界之仙都"（陶弘景《答谢中书书》），是因为在魏晋人看来，唯有山水胜境是沟通人与自然的桥梁。魏晋人崇尚"自然"，绝非追求庄子那种空想的"逍遥"，而是化"逍遥"为一种投身山林湖海的实际行动，通过对自然山水的亲身体验，去实现"心"与"自然"的沟通。

其次，风水学讲究"依山傍水"。山体是大地的骨架，只有依山傍山，人的心里才有稳固感，而且山体是一种遮蔽物，依靠它可以遮风避雨，可以应对一些自然灾害；水域是万物生机之源泉，没有水人就不能生存。现代风水理论认为，人们的居住区内绿地是不可缺少的"生物场"，它可以净化空气，吸收灰尘，降低噪音、降温、调湿，吸收二氧化碳，释放氧气，有修养身心、延年益寿的功效。据分析，选用山水自然景观命名的楼盘不在少数，其目的就是利用我国传统文化的"特产"——风水学，利用人们相信风水的心理，博取好的印象。其实，风水学并不都是封建迷信思想，我们应该取其精华去其糟粕，科学地运用风水理论。

现代社会人们的生活节奏加快，每天都忙于工作和学习，压力越来越大，而陶渊明在《桃花源记》所描绘的那种"土地平旷，屋舍俨然。有良田美池桑竹之属，阡陌交通，鸡犬相闻。其中往来种作，男女衣着，悉如外人；黄发垂髫，并怡然自乐"的世外桃源般的仙境生活是人们羡慕已久的生活方式。在厌倦都市的喧嚣和浮躁之后，人们更向往"夹岸数百步，中无杂树，芳草鲜美，落英缤纷"与"宠辱不惊，闲看庭前花开花落；去留无意，漫随天外云卷云舒"的那份惬意与舒适。于是，依山傍水的地理位置被认为是吸天地之精华的理想住所。楼盘要使人们接受，引起购买欲，其名称自然也会大量使用此类词语。下面我们通过楼盘通名的词频分析来看兰州楼盘使用这类词语的情况。

民政部颁布的《地名管理条例实施细则》第3章第14条规定："标准地名原则上由专名和通名两部分组成。通名用字应反映所称地理实体的地理属性（类别）。"楼盘名是特殊的地名，楼盘通名是反映楼盘属性的名称，具有指位功能和稳定性；专名是楼盘专有的名称，用来区分不同的楼盘，楼盘不同专名也就不同，具有灵活性。

在我们收集到的409个楼盘中，有21个楼盘省略通名，占总数的5.13%，这里我们的研究主体是388个有通名的楼盘，通过统计通名的词频，从中反映通名的用字特点和语义取向规律。请看《楼盘通名的使用情况调查表》。

楼盘通名的使用情况调查表

序号	通名	楼盘名称实例	数量	比例(%)
1	小区/区	安居小区、佳裕小区、园丁小区	105	25.67
2	园/×园	倚能黄河家园、飞天家园、鸿运润园、亚太玫瑰园	101	24.69
3	大厦	花雨大厦、好为尔大厦	48	11.74
4	苑	春天佳苑、广宇风情苑、惠宝幸福佳苑	38	9.29
5	城	新港城、实创现代城、安宁科教城	18	4.40
6	居	至诚名居、兰亭雅居	12	2.93
7	广场	海鸿广场、路桥音乐广场	10	2.44
8	家	罗马世家、田园之家	4	0.98
9	庭	基业豪庭、华富瑞士豪庭	4	0.98
10	村	东岗世纪新村、亚太新村	4	0.98
11	座	长江北岸星座、浩森银座	3	0.73
12	湾	众邦金水湾、兰雅亲河湾	3	0.73
13	楼	佳新商住楼	2	0.49

序号	通名	楼盘名称实例	数量	比例(%)
14	府	天正西苑华府	2	0.49
15	小镇	天庆莱茵小镇、天庆格林小镇	2	0.49
16	都	海天新都	2	0.49
17	馆	北岸公馆、宝丰西湖公馆	2	0.49
18	洲	恒大绿洲	2	0.49
19	邸	陆都嘉邸	1	0.24
20	里	兴兰阳光里	1	0.24
21	花坛	金泰花坛	1	0.24
22	院	安宁庭院	1	0.24
23	宅	高科住宅	1	0.24
24	阁	水云阁	1	0.24
25	汇	城投金色都汇	1	0.24
26	堤	天居锦河丹堤	1	0.24
27	岸	天成金色堤岸	1	0.24
28	堡	嘉璐天堡	1	0.24
29	郡	瑞南紫郡	1	0.24
30	省略通名	金泽洮水明珠	21	5.13

由表可知：一些原本表示地理形势和自然环境的词,由于词义扩大或转移而走进了通名序列。如"湾""港""岸""堤""源""岛""地"等。"湾"本指水流弯曲的地方,现以"湾"为名的楼盘,大多确是处于水流弯曲之处,如"兰雅亲河湾"就位于兰州市北滨河路黄河边。"岸"指江河湖海等水边的陆地,现在以"岸"为名的楼盘,大多确是如此,比如"天成金色堤岸",类似的还有"远达·锦绣半岛""天居锦河丹堤"等。"港"本意为港湾、码头、港口。楼盘"维港"并非港湾,而是取意香港"维多利亚港湾",代表了一种对美好自然物的向往和对高品质生活的追求。

开发商为了迎合人们的这种远离嘈杂、回归自然的心理,在楼盘命名上大做山水文章,将这些传统理念融于楼盘名称中,选用突出自然环境的词,以春天、阳光、蓝天、绿洲、山水、日月、花草树木等给楼盘命名，营造出一种人与自然和谐相伴的意境，以博取好的印象，提升楼盘的市场形象和品位，在楼盘命名时选用了许多有关自然景物的词语入名，如"恒大绿洲""阳光广场""远大山水城""亚太城市月光""长城山海苑""水车苑""金泽洮水明珠""众邦金水湾""新厦水岸天成""黄河水岸颐园"等。这也体现了人们亲近自然、返璞归真、渴望回归自然的生活追求和心理需要，以及汉民族亲近山水、怡情山水，人与自然和谐相处的自然哲学观与居住理念。

图76　楼盘黄河水岸颐园

二、房产命名与天地崇拜

天、地之崇拜在古代中国的信仰中甚为重要。在中国传统文化中，天是一个历史范畴，起源于远古人类对无法预测的苍茫太空的敬畏。夏商以后，"天"被认为是有意志、有人格的最高主宰。对这种主宰的崇拜就构架起以天人关系为基础的宇宙观。中国古代经济是以农耕为主的自给自足的小农经济，生产力落后，收成的好坏与自然条件有很大关系，形成了靠天吃饭的局面。"天"在中国人心目中有着特殊、深邃的内涵。汉原始先民对天的认识一开始就赋予了极其浓厚的神话色彩，充满了主观随意性的谬误。他们对天进行了多层次的开拓，得出天有九重的结论。在汉民族观念里，天是自然规律又是人类社会规律，同时也是一种宗教式崇拜的对象。中国古人尊崇"天地君亲师"，天是第一位的，古代有祭祀天地的仪式，著名的天坛就由此而来。古代文学作品中更有许多写到天的：荀子有"天行有常，不为尧存，不为桀亡，应之以治则吉，应之以乱则凶"的观点，孟子则有"天将降大任于斯

人也,必先苦其心志"的说法,《易经》里有"天行健,君子以自强不息;地势坤,君子以厚德载物"等等,在这里"天"被理解为自然规律,更是社会历史规律,也是神化的对象,皇帝被称为"天子",是代表天意来统治百姓的,因此许多人夺权或起义都要设计出是天意的安排以迷惑百姓,加强自己的统治。汉语词汇里也有天命、天意这样的词语。"天"给人一种浩大、尊严、神圣、强权、神秘不可更改、不可违背的感觉。

土地神是古代农业社会神灵崇拜意识的产物,也是我国民间信仰中的一个重要神祇,其影响广泛,遍及城市乡野,可以说凡有人烟处,都敬土地。对土地的崇拜是很容易理解的,因为土地与耕种(农业与食物)相关,因此亦象征生育力、多产与繁荣,以及人类的生存。土地神职掌范围十分广大,它不仅主宰着农作物的丰歉收成,而且影响着人类自身的生殖繁衍,甚至生命终止以后仍要归其管束,真可谓神通广大,无所不能。主宰农作物的收成,是土地神最基本的职责,也是土地神最初为自然神的内在表现。土地最初只主宰农作物的收获,后来,随着神祇观念的发展,人们不断地给它增加神职,使它身兼数职,成为综合性的地方保护神。近代南方信土地神风气很浓,无论城乡,人们普遍奉祀土地,这种信仰渗透到了生活的方方面面。

因此,土地神信仰可以满足民众的基本心理需求。中国民众在宗教意识中表现出的功利性格十分突出,只有那些对民众日常生活有影响的神灵才会获得信奉。渴望生活安定是普通百姓的一般愿望,具有这一职掌的土地神自然会受到信奉。多子多孙、子嗣延续也是普通民众的心理,而土地神也具有赐子的功能。不少地方有人死后要到土地神跟前报丧,让土地神送魂,报丧送魂对于重死如生的中国民众来说是丧葬仪礼中非常重要的环节,土地神就承担了这一重任。

下面我们通过楼盘专名的词频分析来看兰州楼盘使用"天""地"这类词语的情况。上面我们调查了楼盘通名的使用情况,而这里,我们要分析的是楼盘专名高频用字。这是因为,楼盘名称中,专名部分最能体现开发商的创意理念和楼盘的建筑特色。考察楼盘专名的使用情况,可以从中发现其选词特点和文化内涵。我们对楼盘专名的词频做了统计,以考察楼盘专名的用字规律和语义取向规律。专名用字(词)出现频率在10次以上的楼盘名称统计列表如下:

楼盘专名高频用字

序号	例字	频率	楼盘名称实例
1	新	32	新厦水岸天成、元森北新时代
2	金	29	金海花园、金泽嘉园
3	天	28	飞天家园、春天佳苑
4	安	22	静安小区、鸿安国际广场
5	兰	21	兰雁小区、兰牧小区
6	嘉	20	良志嘉年华
7	华	17	曦华源、陇华大厦
8	东	17	正茂御景东方、东安家园
9	雅	14	五泉雅园
10	中	13	中和山水兴城、兴中大厦
11	雁	12	雁滩家园、金雁花园
12	河	12	上河苑、倚能黄河家园
13	盛	11	陇盛花园、金盛科技花园
14	西	11	西苑小区、西北大厦
15	兴	11	建兴嘉园、兴利花园
16	宁	10	宁泰家园、宁安小区
17	水	10	黄河水岸颐园、远达山水城

除了这些字,"丽""景""和""德""达""康""荣""岸"等字也占了一定的比例。

通过分析楼盘专名使用频率较高的字词,可以观察人们的价值取向及审美意趣。由上表可知,有许多以"天"为名的,如"天源嘉座""天安大厦""天居锦河丹堤"等,在此次调查的409个名称中,"天"字出现的频率是28次,排名第三。楼盘名称中我们也看到了一些以"地"命名的,但相对较少,只有3个,如"金地花园""凯地怡苑""森地国际"等。

但是,通过上表我们会发现两种现象:比"天"字出现频率还高的是"新"和"金",分别是32次和29次,这是为什么? 还有,和其他城市相比,有一些字如"兰"和"雁"在其他城市中几乎用得非常少,而在兰州市的楼盘名称中出现的频率排名比较靠前,分别是第五和第十一位,这又是为什么?

前面我们提到了皇帝被称为"天子",是代表天意来统治百姓的,因此许多人夺权或起义都要设计出是天意的安排以迷惑百姓,加强自己的统治。那么天子所用的颜色就带有了权利和天意的象征色彩,有的楼盘名称倾向于选用具有代表性的颜色词来命名。颜色承载着源远流长的中国文化,体现了汉民族的民俗心理,在中华文化中,不同的颜色有着它独特的丰富内涵。黄色象征着权利和尊严;绿色是生命的颜色,它象征着希望、未来;红色象征着热烈、激情、活力;紫色象征着高雅、祥瑞;蓝色象征着宁静、深远。天子通常都是黄袍加身,住的宫殿永远都是金碧辉煌,所以楼盘名称也就借用了颜色词来入名,"金"代表了权利、高贵、符合天意和规律的美好含义。另外,兰州市又称"金城",具有鲜明的地域色彩。

处在不同地域的人,就具有不同的地域文化,相应地受人们思维方式的不同,在给楼盘命名时,楼盘名称可以折射不同的地域文化。兰州市楼盘名称有以下地域特点:第一,受兰州本地文化的影响。兰州是中华文明的重要发祥地之一,历史悠久,文化底蕴丰厚,素有"金城"之美誉,而且名人辈出,是中国远古文化的发祥地。所以在楼盘命名时,多采用大家熟知的"金"和最具地域代表的"兰"来作为楼盘名,简单明了,让消费者有亲切的感觉。还有一些是带"甘""陇""兰""西""河"字样的楼盘名称,此类就有35个,如"兰州太阳能智能大厦""甘南花园""陇盛花园""西北宾馆""倚能黄河家园"等等。另还有楼盘名称选用"敦煌""飞天"。第二,兰州许多楼盘选用显示地域特征的词。雁滩位于兰州市城关区东北部,原行政区划为雁滩乡,现在分由雁南街道、雁北街道和高新区街道管辖。雁滩以前是兰州蔬菜、水果主要生产基地之一,现在已经成为兰州主要的居住区,区域内已经建成众多现代化居住小区。雁滩还是国家级兰州高新技术产业开发区核心区所在地,经过20多年的建设发展,高新区雁滩园区已经基本开发建设完毕。"雁"的出现次数是12次,如"雁滩家园""金雁花园""雁滩科教城""兰雁小区""雁滩金运花园"等等。这样从楼盘名称可以直接明了地表明楼盘所处的地理位置、周边景物等特点。有些展示楼盘所处的地区、街道名、来源等。如"东岗世纪新村""安宁庭院"中的"东岗""安宁"都是兰州市的地名。

图77　楼盘安宁庭院

三、房产命名与儒家道德

儒家的价值观、道德观对楼盘命名也有着不小的影响。儒家思想经过几千年的筛选修补，成为我国传统思想的瑰宝。儒家精神重视修身养性，内炼立德，对于价值失落、人性沉沦和道德迷惑，具有匡扶补正和拨云见日之功效。

1.儒家传统道德观念的影响

自古以来，中国就是重道德、重礼仪的国家。"仁"是儒家思想的核心，是儒家道德的基础。孔子所谓的"仁"包括了忠、恕、悌、智、勇、恭、宽、信、敏、惠等等，它几乎包括了做人的全部规范。"能行五者于天下，可谓仁矣。"孔子对"仁"的权威定义是"爱人"（《论语·颜渊》）。仁的核心是仁爱，也即是同情、爱护和帮助人。仁是德行的根本，体现于万事万物中而使天下人相亲相爱（《原善》下）。"仁"是爱之源，是道德情感本身，"义""礼""智"是"仁"的推广和延伸，是道德情感的不同表现，如仁爱、尚义、和谐、诚信、自律等精神。儒家所谓的"孝悌忠于职守信""恭宽信敏惠"等，皆发端于"仁爱"，着意在"和谐"。儒家思想贵和，主张人际和谐、安定、团结、协作，即"人和"。

自古以来，中国的文人墨客大都有专门藏书、读书、写作的地方，也常为自己的书斋起斋号，或称为书斋，或称为室、居、轩、堂等。这些书斋的命名在一定程度上表露了主人的性情与志趣，它们往往和儒家道德不谋而合，异彩纷呈，各有寓意。这些饶有情趣的室名，常给人以有益的启示。

"老学庵"是南宋爱国诗人陆游晚年的书斋名。取"师旷老而学犹秉烛夜行"之语铭斋，立志要活到老、学到老，生命不息、学习不止。孔子作为中国历史上伟大的教育家和思想家，影响了一代又一代的文人学子。孔子常常被奉为圣人，人们认同他师者的尊严，弘扬他的施教观、伦理观，大家眼中的孔子是一位传道授业的教育者。但当我们细读《论语》，走近孔子，能强烈感受到一位好学、乐学、"学而不厌"的学习者的智慧。子曰："加我数年，五十以学《易》，可以无大过矣。"（《论语·述而》）意思是，孔子说："如果能给我增加几年寿命，五十岁时去学习《易》，就可以没有大的过失了。"这是用来说明学习的好处以及晚学比不学来得好。

明朝文学家张溥自幼勤奋好学，他读书，一定要亲手抄写，抄写完毕后，朗读一遍即烧掉，接着再抄，再读，再烧，如此反反复复六七次。天长日久，他的右手握笔处长出了老茧。为了勉励自己，他就给自己读书的屋子取名为"七焚斋"，又名"七录斋"。《论语》《孟子》《左传》等古代经典著作中常常会有鼓励学习的励志名言，如："学而不厌，诲人不倦。"（《论语》）"不积跬步，无以至千里；不积小流，无以成江海。"（《荀子·劝学》）"玉不琢，不成器；人不学，不知道。"（《礼记·学记》）"黑发不知勤学早，白首方悔读书迟。"（《荀子·劝学》）

清代文学家蒲松龄题书屋为"聊斋"。相传，在创作《聊斋志异》时，为搜集素材，蒲松龄常设烟、茶在路边，过路人只需到此讲讲故事、传闻，或聊聊天，便可免费享用。一旦听到有用的"材料"，蒲松龄就回去整理成文，因此他把书屋命名为"聊斋"。向众人学习来提高自己，我们自然而然地会想到"三人行，必有我师"这句话。这句话几乎是家喻户晓，语出《论语·述而》。原文是："子曰：三人行，必有我师焉。择其善者而从之，其不善者而改之。"意思是，几个人同行，其中必定有可以当我老师的人。我选择他好的方面向他学习，看到他不好的方面就对照改正自己的缺点。可是人们并不是经常能够做到。人们常犯的一个毛病就是，往往看自己的优点，找他人的缺点；或者只看自己的优点和他人的缺点，看不到自己的缺点和他人的优点；爱拿自己的长处与他人的短处相比。在与人相处中，就表现为对优于己、强于己者不服气；对有缺点错误者鄙视、嫌弃；严于责人而宽于责己。这样，既堵塞了向他人学习提高自己的道路，也难免造成人际间的不和谐，以至发生冲突。他的这段话，对于指导我们处事待人、修身养性、增长知识，都是有益的。

静虚村，是作家贾平凹的居室名。他说："我刚从山里搬到西安时，住城北新村，地方虽小，却很安静，我就取名'静虚村'。静是心静，虚是心宽，包容大。"

待漏斋，这是张恨水先生的书斋名。抗战期间，张恨水先生为避日机空袭，迁居市郊。因无钱建房，故租住农民的几间草屋，每逢阴雨天满屋皆漏。乌云密布时，张先生与妻子赶紧将盆罐等器皿放于漏处待雨，故名之"待漏斋"。这个名字背后的自嘲、洒脱与安之若素十分令人欣赏。具有同样意趣的还有沈从文先生的"窄而霉斋"。

"静虚村"和"待漏斋"虽然名字不同，但是它们在一定程度上表露了主人的性情与志趣，它们符合儒家思想提出的做人应该具备的道德准则，如仁爱、宽容、和谐、诚信、自律等精神，这些在现代社会中仍然占有重要地位。

在兰州市楼盘名称中，体现儒家道德观念的"仁""义""礼""智""信"都有体现。在笔者调查的409个楼盘名称中，"信"出现了7次，"仁"出现了3次。如仁恒国际、忠信小区、银信小区、信利花园、安信小区等等，这些楼盘名称都给人一种和谐宁静、值得信赖的感觉。

2.儒家传统的价值观念和价值取向的影响

儒家在价值观念上主张"学而优则仕","吃得苦中苦,方为人上人",古人读书大多为了能光耀门楣、高官厚禄、进入仕途来提高自己的身份和社会地位。孟子也说"劳心者治人,劳力者治于人"。这种教育观念极具功利性,虽然遭到了世人的批判,但是真的要从人们的心中永远剔除也不是容易的事情。从古到今,在国人的心目中,求学、进入仕途是人生不可缺少的一部分。在楼盘名称中与此相关的词语有"仕",如"万盛名仕佳园"等。

在楼盘命名中,托物言志的手法也有不少体现。传统文化中,在关于植物的词语中"松竹梅"为岁寒三友,象征着君子品德高尚;"桂"象征着美好和第一;"荷花"象征着美丽和高洁。表示动物的词语中"仙鹤"象征长寿,"龙"是帝王的象征,"凤"是皇后的象征,也象征品德高洁的人,"龙凤"也一起象征吉祥,"鹏"象征志向远大。表示器物的词语中,"玉"象征高洁的品性,"鼎"象征皇权尊贵。我们发现,在国人心目中有美好象征意义的植物、动物、器物词语更容易被选用进楼盘名称中。

3."和"思想的影响

"和"是中国审美文化的精髓,追求和谐,是中国文化的基本精神之一。中华民族是热爱和平、崇尚和谐的民族,"和"的思想和观点在我国传统文化中源远流长、影响巨大。中国传统文化十分重视人与自然的和谐,特别是人与人之间的和谐。如孔子的"以宽厚处世,协和人我",墨子的"兼相爱""爱无差",孟子的"天时不如地利,地利不如人和"等。这些思想千百年来深刻地影响着中华民族的思维方式、心理结构和价值选择。时至今日,"和为贵""和气生财""家和万事兴"等饱含传统"和"文化意蕴的用语仍经常出现在我们的生活中。因此,楼盘名称也多选用这方面的词语。兰州市以"和"命名的楼盘很多,如:和泰家园、和平雅居、友信和平新区、和平嘉园、中和教育世家、中和山水兴城等。

四、房产命名与富贵安居

"富贵"和"安居"是中国人两大最实际的追求。它们也对楼盘命名有不小的影响。最早树立"富贵观"的是儒家学说的鼻祖孔子,孔子的富贵观在中国历史上影响极大。"富贵人所欲也",承认追求富贵是人的自然情感,具有天然的合情合法性。在此基础上,"富贵然后学"说明君子爱财取之有道,富贵的实现标志着个人价值和社会价值的双重实现,也为通达完善的人格和充实的精神提供了条件。从此,中国人追求富贵就变为一种民族文化。安居乐业从古至今都是中国人追求的理想状态。

1.房产命名与富贵思想

从古至今,中国人都喜欢吉祥如意、平安顺遂,也渴望富裕、强壮,无论从过去的祭祀、祈福还是延续至今的新年祝福,我们希望得到的都是表示这类含义的话语。比如:吉祥如意、恭喜发财、万事如意等。"富贵"追求,是社会共同的理想,人们公开地毫不掩饰地宣示这一意愿。有一则小故事非常生动地表现了这一追求。俞仲林是中国著名的国画家,擅长画牡丹。一天,某政要慕名买了一幅他亲手所绘的牡丹,回去以后,很高兴地将此画挂在客厅。政要的一位朋友看到了,大呼不吉利,因为这朵牡丹没有画完全,缺了一部分,而牡丹代表富贵,缺了一角,岂不是"富贵不全"吗?政要一看也大为吃惊,认为牡丹缺了一边终是不妥,拿回去预备请俞仲林重画一幅。俞仲林听了他的理由,告诉这个买主,牡丹代表富贵,所以缺了一边,不就是"富贵无边"吗?政要听了俞仲林的解释,高高兴兴地捧着画回家了。

红楼梦大观园中宝玉、黛玉等人的住所皆有一个富有深意的名字,这些名字与各自主人的身份、性情、情趣都非常契合。"怡红院"是大观园中最雍容华贵、富丽堂皇的院落,是别号"绛洞花主""富贵闲人",绰号"无事忙"的贾宝玉的住所,是西方灵河岸上赤瑕宫神瑛侍者在凡间投胎的"花柳繁华之地,富贵温柔之乡"。就在刘姥姥二进大观园时,由于醉酒误进了宝玉的怡红院,竟认作是小姐的"绣房",可见其华美。

楼盘要使人们接受,引起购买欲,其名称自然也会大量使用富贵安居这类词语。下面我们通过楼盘通名的词频分析来看兰州楼盘使用这类富贵词语的情况。近些年来,随着商品房的开发销售,随着人们居住要求的不断提高,房地产业竞争激烈,以及楼盘营销的专业化,楼盘通名发生了不小变化,除了一些传统通名外,还出现了不少新兴通名或正在形成中的通名。

由楼盘通名的使用情况的统计结果我们可以得出这样的结论:(1)通名"府""邸""公馆""花园"等,旧指封建官僚、地主、资本家和外国殖民者的私人豪华住宅,带有剥削阶级的贬义色彩。新中国成立后因房产国有而不用、不称。随着住房商品化和人们思想观念的转变,房产商们舍弃了这些词的贬义色彩,而赋予其高贵显赫之义,以之作为高档楼盘的通名。如北岸公馆、天正西苑华府、雁京罗马花园等。(2)中国封建王朝统治的久远历史,使各项封建制度发展完备,人们的封建思想也根深蒂固。君权思想即使在现代人心目中也留有深刻印记。汉民族所认为高贵的往往就是君主的、高官的、名流的、大家族的。因此在楼盘名称的命名上与此相关的词语也不在少数,如"帝""豪""世家""鼎""龙""凤""金""府""邸"等。借用这些词语无疑也增添了楼盘的高贵之感,吸引人们,尤其是有一定经济实力和社会地位的人购买。如基业豪庭、华福瑞尔豪庭、罗马世家、中和教育世家、龙林大厦、海龙花园、凤凰城、凤台花苑、金宝花园、天正西苑华府、至诚首府、陆都嘉邸等。(3)有的楼盘名称使用表达吉祥、安康、顺利、长久情感的美好寓意词语入名,如"福""荣""通""宁""恒""润"等。这样的楼盘有很多,如:金港城金福花园、福田大厦、惠宝幸福佳苑、荣华小区、荣德大厦、益通小区、安宁庭院、仁恒国际、润安小区、丰润花园等等。(4)有的楼盘名称使用表达财源滚滚、兴旺发达的词语来命名。如:"金""银""兴""昌""富""鑫""丰"等,用这些词语来寄寓对未来美好生活的向往。这样的楼盘名称如:金宝花园、众邦金水湾、中兴大厦、建兴家园、元昌小区、富民小区、兰鑫小区、丰宁德尚等等。(5)有的楼盘使用彰显豪华、霸气,表达非凡气质的词语入名,如"伟""华""名""御"等。这样的楼盘名称如:时代伟业、华富小区、至诚名居、万家名苑、正茂御景东方等等。使用这些奢华的词语,更能突出主人身份的高贵、地位的尊贵、气质的典雅、成就的不凡,因此,受到人们的青睐。

2.房产命名与安居思想

安居乐业一直是中国人对生活的追求和向往,中国人向来注重安定、安稳。廖禹《泄天机》云:"居民立宅最为先,宅吉福绵延。"《黄帝宅经》载:"地善苗旺盛;宅吉人兴隆。"孟子说:"居可移气,养可移体,大成居室。"安居乐业是老百姓生活美好富足的象征,也是全面建设小康社会的一项重要内容。有道是"小康不小康,关键看住房"。住房是人类休养生息的主要场所,人的一生起码有百分之四十的时间生活其中。在我们这个有着13亿人口的国度,有家乃安、安土重迁、"有恒产乃有恒心"等传统观念根深蒂固。"居"是古代表示住所的词,具有浓厚的历史人文内涵,以前不少文人常用"居"来雅称自己的住宅。现在重新启用作为楼盘通名,以期能展现现代人居文化中的历史文化底蕴。如"兰亭雅居""四和居""甘泥雅居"等给人一种清新雅致之感。

古人重安居,现代人也是如此。比如说,找工作时很多人会选择公务员,或者进国家事业单位,因为这些单位工作稳定,失业风险较小。还比如说,中国人落叶归根的故土情结,其实也是喜欢安定、安稳生活的一种表现。

通过分析楼盘专名使用频率较高的字词,可以观察人们的价值取向及审美意趣。一是选择带有祈愿、祝福意味的字词。开发商喜欢用"安""盛""兴""宁""和""富""豪""泽""鑫""康""福"等字,将自我期望和美好祝愿融入其中。从这些用词中透视出人们企盼祥和、富贵、康乐、福寿的价值观

153

念。如：安兴小区、新安雅居、安居小区、宁安小区、金安花园、安宁庭院等等。在笔者调查的409个楼盘名称中，"安"出现了22次，排名第四，"宁"出现了10次，"和"出现了7次，出现频率比较高。这些带有"宁""安"等字的楼盘名称给人一种和谐宁静、安定美满的感觉。

总之，伴随着我国经济发展，新楼盘的开发必将越来越多，而汉语语词作为楼盘名称也一定会不断演进。楼盘的命名同许多其他命名活动一样，是人们的一种创造性活动，是一门关涉语言学、经济学、心理学、社会学、文化学等诸多方面的综合学问。楼盘名称的命名受现有语言规律制约并反映现有的语言规律，同时它也势必会产生一些新的形式，而新的形式是否能被接受甚至保留、沿用下来都要受语言自身发展规律的影响和制约。楼盘名称同时又是社会文化、民族心理和时代精神的反映，其本身也是一种社会文化现象。楼盘名称文化对社会语言的真、善、美发挥着特殊的作用，与国家先进文化的建设息息相关。

参考文献

[1]陈章太.语言规划研究.北京:商务印书馆,2005.

[2]王理嘉.从官话到国语和普通话——现代汉民族共同语的形成和发展.语文建设,1999(6).

[3]胡明扬.普通话和北京话(下).语文建设,1986(4).

[4]胡明扬.北京话初探.北京:商务印书馆,1987.

[5]黎锦熙.国语运动史纲.北京:商务印书馆,1935.

[6]吕冀平.当前我国语言文字的规范化问题.上海:上海教育出版社,2000.

[7]姚亚平.中国语言规划研究.北京:商务印书馆,2006.

[8]胡瑞昌.全民共同语与方言的形成和发展.嘉应大学学报,1994(4).

[9]李新魁.汉语共同语的形成和发展(上).语文建设,1987(5).

[10]李新魁.汉语共同语的形成和发展(下).语文建设,1987(6).

[11]郭熙.对汉语中父亲称谓系列的多角度考察.中国语文,2006(2).

[12]胡士云.说"爷"和"爹".语言研究,1994(1).

[13]丁崇明.男子配偶称呼语的历时演变、功能配置及竞争.语言教学与研究,2005(1).

[14]丁崇明,荣晶.女子配偶称呼语的历时考察分析.云南民族大学学报,2010(5).

[15]王娥,扬清."老师"称谓的历史演变.内蒙古社会科学:汉文版,2005(3).

[16]史宝金.论汉语亲属称谓的特征及其社会历史文化背景.复旦学报,2003(2).

[17]王跃.老茶客闲话.成都:四川文艺出版社,1999.

[18]袁蕾.当代问候语变迁的心理基础透视.开封大学学报,2001(12).

[19]许凤慧.《左传》中的问候语及致歉语考释.文学教育,2010(3).

[20]杨振国.汉语问候语的文化训释.盐城师专学报:哲社版,1996(2).

[21]章礼霞.中国问候语"你吃了吗"的文化折射.合肥工业大学学报,2004(6).

[22]郭攀.问候语说略.语言文字应用,2003(2).

[23]李学颖.礼仪之邦.上海:上海古籍出版社,1991:150.

[24]朱家溍.清代的礼俗.国学,2007(6).

[25]张拱贵.汉语委婉语词典.北京:北京语言文化大学出版社,1996.

[26]杨迎春,王丽.委婉语的本质特征与运用的语境因素.嘉兴学院学报,2004(3).

[27]黄得莲.委婉语在古今言语交际中的社会功能.青海师专学报,2002(1).

[28]吕琛.委婉语的效用例说.广西商业高等专科学校学报,2002,19(3).

[29]王建.中国文化中的避讳.贵州社会科学,1997(3).

[30]陈健.祝福语.汉语学习,1991(5).

[31]孙曼均.漫谈汉语祝福语的变迁与社会的变革.语文建设,1999(4).

[32]董芬芬.先秦的祝祷辞、嘏辞及贺辞.辽东学院学报:社会科学版,2009(1).

[33]于洋.汉语吉祥语研究.沈阳:沈阳师范大学,2011.

[34]李明佳.吉祥语和民俗文化.辽宁教育行政学院学报,2008(9).

[35]谭永燕.《诗经》祝愿语研究.重庆:西南大学,2012.

[36]吴讷,徐师曾.文章辨体序说·文体明辨序说.北京:人民文学出版社,1982.

[37]朱永锴,林伦伦.二十年来现代汉语新词语的特点及其产生渠道.语言文字应用,1999(5).

[38]邹嘉彦,游汝杰.汉语新词与流行语的采录和界定.语言研究,2008(2).

[39]刘娅莉.十年来流行的汉语新词新语.四川大学学报:哲学社会科学版,2004(S1).

[40]姚汉铭.新词语·社会·文化.上海:上海辞书出版社,1998.

[41]游瑞亭.21世纪以来新词新语规律研究.呼和浩特:内蒙古师范大学,2012.

[42]常青.2009年汉语新词新语社会语言学探析.曲阜:曲阜师范大学,2012.

[43]邢芙蓉.当代汉语新词语的特点及文化内涵探究.扬州:扬州大学,2008.

[44]韩璐.当代汉语新词语研究.上海:上海外国语大学,2009.

[45]刘益民.对联的产生发展与民俗.对联.民间对联故事,2000(3).

[46]傅小松.中国传世名联三百副.北京:北京燕山出版社,1998.

[47]吴同瑞.中国俗文学概论.北京:北京大学出版社,1997.

[48]高玉.对联起源考论.涪陵师范学院学报,2002(5).

[49]武莹.徽州楹联的当代价值研究.蚌埠:安徽财经大学,2012.

[50]张建波.中国楹联文化的分类解读.管子学刊,2011(1).

[51]谷向阳.中国对联学研究.北京大学学报:哲学社会科学版,1998(4).

[52]李世名.楹联文化的功能和效益.南方文坛,1995(2).

[53]于华东.文苑奇葩——中国楹联文化刍议.湖北社会科学,2007(8).

[54]周于飞.论南岳楹联.南昌:南昌大学,2008.

[55]梁章钜,梁恭辰.楹联丛话全编.北京:北京出版社,1996.

[56]陈原.社会语言学.上海:学林出版社,1999.

[57]陈建民.中国语言和中国社会.广州:广东教育出版社,1999.

[58]陈松岑.语言变异研究.广州:广东教育出版社,1999.

[59]邢欣.都市语言研究新视角.北京:北京广播学院出版社,2003.

[60]钱理,王军元.商店名称语言.上海:汉语大词典出版社,2005.

[61]兰州市城关区地方志编纂委员会.兰州市城关区志.兰州:甘肃人民出版社,2000.

[62]兰州市七里河区地方志编纂委员会.兰州市七里河区志.兰州:甘肃人民出版社,2001.

[63]郭熙.中国社会语言学.南京:南京大学出版社,1999.

[64]郭先珍.店名的社会文化属性.语文建设,1996(4):40-43.

[65]吕玥.天津商店命名的社会语言学考察和研究.天津:天津师范大学,2002.

[66]童慧刚.试论店属词的创新及其文化意蕴.上海大学学报:社科版,

2000(1):107-112.

　　[67]唐师瑶.从店名看近现代商业文化的发展.广西右江民族师专学报,2004(4):92-99.

　　[68]郑梦娟.当代商业店名探微.柳州职业技术学院学报,2002(4):36-40.

　　[69]王晓男.沈阳市商业牌匾用语的社会语言学考察.沈阳:沈阳师范大学,2011.

　　[70]赵爱英.店名的语言特征及其历史文化心理分析.武汉:华中师范大学,2006.

　　[71]郭天昊.试论宋代的专营店铺及其招牌广告.史学月刊,1999(5):108.

　　[72]金石.古代商家招牌谈片.文史研究,2004(2):58.

　　[73]罗常培.语言与文化.北京:北京大学出版社,1950:78.

　　[74]周修亭,郭文艺,宋秋玲.店名就这样文化了.文明与宣传,2004(3):48.

　　[75]吕津.杭州楼盘名称的语言文化分析.浙江教育学院学报,2004(5).

　　[76]杜会姣.济南市楼盘名称的语言文化研究.济南:山东师范大学,2012.

　　[77]高军.苏州市区楼盘名称语言特点计量分析.牡丹江教育学院学报,2008(6).

　　[78]张曼怡.广州住宅楼盘名称的修辞研究.广州:暨南大学,2007.

　　[79]武晶晶.天津楼盘名称的语言学和文化学分析.石家庄:河北大学,2009.

　　[80]刘春雷.试论孔子的富贵观.石河子大学学报:哲学社会科学版,2004(4).

　　[81]潘国英.南方民间的土地神信仰.东南文化,1998(4).

　　[82]陈文叶.浅谈崇尚自然的中国园林艺术.现代园艺,2009(7).